カリフ制再興

カリフ制再興

Re-establishment of the Caliphate

未完のプロジェクト、その歴史・理念・未来

Hassan Ko Nakata

中田 考

書肆心水

まえがき

ウサーマ・ビン・ラーディンが「(アッバース朝)カリフの古都バグダードのジハード戦士の兄弟たちよ、カリフ制の中核を作り出す機会を見逃すべきではない。」と呼びかけたのは二〇〇六年七月であった。

そして二〇一四年六月二九日(一四三五年ラマダーン月初日)、ISIS(イラクとシャームのイスラーム国)はイラク第二の都市モスルで、その首長であった「アブー・バクル」イブラーヒーム・バグダーディーをカリフ(khalīfah)位に推戴し、九〇年の時を経てカリフ制(khilāfah)の再興が宣言された。

カリフ制の再興は、一六四八年に締結されたウェストファリア(ヴェストファーレン)条約に因んで「ウェストファリア体制」とも呼ばれる領域国民国家、主権国家による国際秩序の解体の序章であり、西欧の文明的ヘゲモニーの衰退を象徴的に示す世界史的事件である。

世界史的事件をリアルタイムで「世界史的事件」として認識しうる者は希である。一九一四年六月二八日にオーストリア＝ハンガリー帝国皇太子が暗殺された(サラエボ事件)時点で、第一次世界大戦への展開を見通すことは難しかった。またカトリック教会において一三七八年から一四一七年にかけてローマとアヴィニョンに教皇が立って争った「西方教会大分裂」も、「大分裂」との評価が定まるのは後世になってからであり、その開始の時点においては、それぞれの教皇の支持者にとって、カトリック教会史上幾度かあった教皇僭称者、対立教皇がまた出現したということでしかなかったであろう。

世界史的事件の世界史的意義が同時代人に明らかになるには、一定の時間の経過を必要とする。特に、西欧文明のパラダイムに全面的に思考を規定されている「現代人」にとって、西欧文明自体のアンチテーゼとなる事件の意義を正しく理解することは決して容易なことではない。

また世界史的事件は、新しい時代を画する事件ではあるが、同時にそれには古い時代の刻印が残されている。画期的な事件であれ、全く新しいものがゼロから生まれたわけではなく、古い現実の中から生じるのであり、新しい要素と古い要素が雑然と綯《な》い交ぜになっている。いわば、そのあり方は卵からヒヨコが孵《かえ》るような劇的な変化ではなく、オタマジャクシが蛙になるような漸進的な過程となる。

本書は、二〇一四年六月二九日「イスラーム国」(al-dawlah al-islāmīyah)の樹立とともに宣言されたことで人々に広くその名が知られることになった「カリフ制再興」を、イスラーム史と現代史の中に位置付け、比較文明論的分析を手掛かりに、その世界史的意義を解明することを目的とする。今やイスラーム国を抜きにカリフ制再興を論じることはできない。しかし本書中で詳しく論じるように、イスラーム国はカリフ制再興実現の先触れであると同時に過渡的な存在でもある。いっぽうカリフ制再興運動自体は、イスラーム国に先立つ多様な長い歴史を持ち、また未来に開かれた未完のプロジェクトなのである。

しかしカリフ制が再興されたとして、カリフ制はいったいどこに再興されたのだろうか。カリフ制再興は、六月中旬にイラク第二の都市モスルが陥落して間もなく宣言された。イスラーム国はシリアで最初に掌握したラッカ州の州都ラッカ市を首都としたとも、カリフ就任が発表された都市モスルを首都に定めた、とも言われる。カリフ制は、イラクとシリア、あるいはイラクとシリアの一部に再興されたのだろうか。答えはイエスでもあり、ノーでもある。

イラクとシリアの領内に一定の実効支配を確立し、イラクとシリアの国境を確保したことが、イスラーム国樹立、カリフ制再興の宣言の契機であった。その意味では、確かにカリフ制は、イラクとシリアに再興された、と言ってもあながち間違いではない。しかし、カリフ制（khilāfah）とは、いかにして成立し、そもそもその成立は土地に縛られるものなのだろうか。われわれが知る「国家」とは、領域国民主権国家であり、領域こそ、そのアイデンティティーの要である。しかし、それをカリフ制に当て嵌《は》めることは妥当なのだろうか。

カリフ制とは、イスラーム法学の用語であり、イスラーム法は属人法である。イスラーム法は、ムスリムにだけ適用され、どこに住むかに関わりなく、全てのムスリムに適用される。それゆえ、イスラーム法に照らすなら、カリフ制の成立は、一定の領域を指して「ここに成立した」と言えるようなものではないのである。カリフ制は、領域に成立するものではない。言うなればカリフ制は、ムスリムの心の中に再興されたのである。

イスラーム国の樹立の真の意義は、サイクス・ピコ協定体制を否定しイラクとシリアの国境を越えて実効支配を確立したことではなく、世界のムスリムたちにカリフの名を思い出させたことにある。カリフ制再興の真の意義を知るには、イスラームの世界観と現代の時代相を共に理解する必要がある。

それゆえ本書は以下の構成を取る。

序　アナーキズムとしてのカリフ制
1　カリフとは何か
2　イスラーム学とカリフ
3　カリフ制の歴史的変遷
4　現代イスラーム運動
5　カリフ制再興の現在
6　カリフ制再興の文明論
エピローグ　カリフ制と人類の未来

カリフ制はムスリムの心の中に蘇った。人々の心の中にあるカリフ制は超大国の爆撃によっても滅ぼすことはできない。ムスリムの精神空間に再興されたカリフ制をイメージすることは日本の読者には難しいが、少しでもそれを伝えることが出来れば、著者の望外の喜びである。

カリフ制再興

目次

❸ カリフ制の歴史的変遷——王権とカリフ制の並存 92

❹ 現代イスラーム運動――カリフ制再興への胎動 119

❺ カリフ制再興の現在——イスラーム国の歴史的位置 164

❻ カリフ制再興の文明論——未完のプロジェクトの潜勢力　204

カリフ制再興

未完のプロジェクト、その歴史・理念・未来

序　アナーキズムとしてのカリフ制

カリフ制はユニークであり、いかなる西欧起源の政治学の政体類型にも当てはまらないが、敢えて分類するなら、最も近似するのはアナーキズムである。政治制度としてのカリフ制を理解するためには、その前にどうしても、「アナーキー」なムスリム社会の特徴を理解しておく必要がある。

一四〇〇年の歴史があり、熱帯雨林、砂漠などの多様な風土、狩猟採集、遊牧、農耕、商業、工業などの様々な社会を包摂するムスリム社会が単一の組織原理によって動いていると考えるのは端的に間違いであり、本質主義の誹《そし》りを招きかねない。しかしそれでもやはりムスリム社会の特徴を述べることには意義があると筆者は考える。というのは、ムスリム社会の異質性に一定の理解を有さないと、われわれは日本の「常識」を投影して、ムスリム社会を誤解してしまうことになりがちだからである。

一九九X年のある日、山口県のとある民家で、三人の日本人のムスリムの立ち会いの下に、一人の日本人が「ラー・イラーハ・イッラッラー（アッラーの他に神なし）、ムハンマドゥン・ラスールッラー（ムハンマドはアッラーの使徒なり）」と唱え、ムスリムになった。モスクやイスラーム・センターのような特別な場ではなく、立ち会った者は司祭や僧侶のような特別な「宗教者」というわけではない。

ところが日本人は、そこで入信し新たにムスリムになった者は、どこかにあるムスリムの名簿に登録され、会費を納めて何かの組織のメンバーになったのであろう、と考えがちである。しかし実はそのようなことはなく、その新入信者と立ち会い人の関係は一期一会の行きずりであることもあり、入信とは立会人が属する「教会」のような組織への入会ではない。そもそも立会人自身が「教会」のような組織に属しているとは限らない。その者がムスリムになったことは、本質的にはその立会人だけが知るにとどまり、立会人がどこかに連絡、通報し、その個人情報が記録されて一元的に管理されるようなことはないのである。

実は誤解の原因はイスラーム社会の特殊性というよりもむしろ現代日本社会の方にある。その誤解とは、イスラームにも「教会」のような「組織」があるというものである。西欧の「教会（エクレシア、チャーチ）」は建物であると同時に人間集団でもある。西欧のローマ・カトリック教会は「全体社会」として全ての社会構成員を網羅し、全員が教区の一つの教会に、そしてその教会だけに所属する、という形で、一つ一つ全ての教会を数え上げ、それぞれの成員を合計すれば全てのカトリック教徒の総数が把握できる。つまり、カトリック教会は全体社会として、全信徒を一つの地方教会のみを本籍にして排他的に帰属させることにより、完全に監督下におき、さらにローマ帝国の官僚機構を模した中央集権的階層的官僚制度によって、全体主義的に支配した。カトリック教会はローマ帝国の崩壊後の封建制中世西欧にあって、高度に有機的に組織化され、最も人々の生活に影響力のある団体であった。

　一方、日本でも、歴史的系譜は全く異なるが、仏教の寺に門徒を登録させ、幕府が全ての宗派を統括することで、本山‐末寺の仏教組織を行政の下請に組み込む寺請制度が成立し、寺が、社会の成員全員がどれか一つに排他的に所属し、中央集権的階層的に組織化された団体とみなされるようになり、一人の人間が中央集権的に組織化された一つの宗教集団に所属することが「当たり前」になった。

　こうした現代の官庁や会社のモデルになった組織原理が、相同的に中世ヨーロッパのキリスト教と中世の日本の仏教で独立に成立したことにより、明治維新以降西欧の学問を輸入した日本は、このような形を宗教組織の普遍的な姿と考えるようになり、それ以外の宗教のあり方が存在することを想像するのが著しく困難になってしまった。

　イスラームにおけるモスクは、キリスト教の教会堂、仏教の寺院にあたる礼拝所ではあるが、キリスト教や仏教とは違い、信者、門徒を抱える「組織」では決してない。イスラーム法では、モスクはワクフ（永代寄進地）という扱いを受けるが、通常は寄進者はモスクの土地・建物と共にモスクの維持管理費を産み出す農場や賃貸住宅、店舗などを寄進し、同時にそれらの寄進の管理者を指名する。モスクに「所属」するのはこの管理者だけであり、そのモスクに登録された信徒団のようなものは一切存在せず、ただ通りすがりのムスリムが自由に礼拝をしていくだけなのである。

　付言すると、イスラーム史においては学校もまたワクフであり、通常はモスクに併設されたが、その管理は寄進者の意思に委ねられたのであり、「国家」の介入の余地はなかった。しかし現在ではこれらの寄進の大半は国家によって横奪されている。

イスラームには、そもそも教皇、公会議、教会のような組織は存在せず、誰がムスリムであるかを認定する資格のある個人も組織も存在しない。アッラーの他に神はなく、ムハンマドはアッラーの使徒である、と認めた者は誰でもムスリムであり、どこかに登録する必要があるわけではない。言い換えると、誰かがムスリムになっても、それを統一的に管理している機関などどこにもないということである。つまり、モスクに行けばその教区のムスリムの名簿が手に入り、全国のモスクでそれを繰り返せば、その国のムスリムの目録ができる、といった発想は、イスラーム研究においてはキッパリと捨てる必要があるのである。

またイスラームには任意参加のカルトであるスーフィー教団という修行者集団がイスラーム世界全域に広がっているが、このスーフィー教団も誤解に注意しなければならない。イスラーム世界全土にカーディリー教団、ナクシュバンディー教団などの名を冠したスーフィー教団は無数に存在するが、同名で同じ名祖につながる教団でも、教義や修行法にある程度の共通性はあっても、お互いの間に「組織的」な関係はない。こうしたスーフィー教団は、本質的に一人の師と弟子のパーソナルな師弟関係のネットワークであり、しばしば修行者は師から師へと渡り歩き、一つの教団であってもメンバーの流動性は高く、特に在俗の修行者の場合、複数の教団に同時に出入りすることも稀ではない。また一つの教団内部でも、兄弟弟子の間に緩やかな階層秩序があったり、かつての同門の兄弟弟子が開いた教団同士の間に人的交流があったりすることもあるが、教団は明確なメンバーシップと階層構造を持つ西欧近代的意味での「組織」ではなく、同じ名を冠する教団の間にも、本家‐分家、本山‐末寺的な関係は存在しない。モスクと教会との類比が不適切であったのと同様にスーフィー教団もまた、はっきりしたメンバーシップを有しメンバーを律する規則を有するキリスト教の修道会になぞらえて理解することはできないのである。

日本人が西欧‐日本型の帰属集団を普遍的な組織原理と考えることは、イスラーム社会の誤解の原因である。むしろ西欧‐日本型の帰属集団は、世界では例外的である。宗教において西欧のキリスト教の教会が日本仏教の寺と相同であることは既に述べたが、もう一つ西欧‐日本型の帰属集団という括りを可能にさせたのが日本のイエ制度である。『文明としてのイエ社会』が明らかにした通り、イエとは、父系氏族ウジにとって替わった日本型の組織であり、系譜的連続性を仮定された第一次集団としての疑似血縁組織である。逆に言うと日本は、疑似血縁組織であるイエの存在により、血縁集団である氏族が解体された、つまり、婿養子は言うに及ばず遠縁ですらない全くの他人であっても組織経営の才のある者を養子に取りイエを継がせることができる日本のイエは、血縁組織ではなく疑似血縁組織でしかないのである。日本には法人概念は生まれなかったが、法人と相同的なイエが、教会を範例とする俗界の第一次集団である西欧の様々な法人、結社の役割を果たしたため、近代西欧と同じく血縁集団・氏族の社会的影響力は著しく殺がれることになった。

血縁集団・氏族の社会的影響力の低下は日本と西欧で例外的な成功を収めたが、その成功は決して普遍性を有さず、中国やインドでは現在に至っても決して十分には実現しておらず、イスラーム世界も同様である。イスラーム法は、婚姻、相続や血讐代償金の負担のような血縁集団・氏族の権利と義務を規定しており、その存続を制度的に保証している。

ムスリム社会においては、この血縁集団・氏族と、イスラーム学やスーフィー教団の師弟関係のようなパーソナルな個人のネットワークが重要なのであり、西欧－日本型の組織はそもそもほとんど存在せず、あってもその帰属はさして重要性をもたない。政府や企業のような「組織」であっても、血縁集団・氏族や個人のネットワークの方が優先される。これは西欧－日本型の、ただ一つの組織に第一次集団として所属することが当然視される文化では、縁故主義として批判される。しかしそのような伝統を持たない文化では、人は様々な人間関係のネットワークに重層的につながり、利用し合って生きるが、究極のセーフティネットの機能は血縁集団、次いで地縁集団、宗教集団が担うのがむしろ一般的であり、ムスリム社会でもそうなのである。したがってムスリム社会を理解するにあたっては、一つの組織に全人格的に所属し忠誠を尽す西欧－日本型の組織が普遍性を有する存在であるとの思い込みをまず捨てなければならない。

西欧とは、「俗」と「聖」の権威を司るローマ帝国とカトリック教会という、起源を異にする二つの「地上権力」である中央集権的官僚機構によって統治される社会であり、その政治思想はそのような社会構造を反映している。一方、イスラーム社会は、西欧のような「俗」と「聖」の区別がないばかりでなく、西欧的世界観を内面化した者には「俗」と映る領域においても、「聖」と映る領域においても、西欧のような組織を生み出さなかった。

西欧の帝国や教会のような組織を持たないこのようなイスラーム社会においては、政治、統治においても西欧のような支配機構は存在し得ない。カリフ制が、支配機構を否定するアナーキズムに最も近い、と言う所以《ゆえん》である。他方、イスラーム社会にも権力関係は存在し、オスマン朝カリフ制は、世界史上最も成功した中央集権的官僚国家の一つであったようにも見える。

なぜ、組織を欠くイスラーム社会において秩序が成立しえたのか、またカリフ制における権力関係は、西欧の支配機構とはどこが違うのか、それは以下の章の中で詳《つまび》らかにしていこう。

カリフとは何か──正統四代カリフとカリフ制の基礎

1

1 カリフの語義

「カリフ」の語は、世界史の教科書にも預言者ムハンマドの後継者と説明されている。しかし、そもそも「カリフ」とは何なのか。

「カリフ」とは、アラビア語ではなく、アラビア語の khalīfah（ハリーファ）がなまったヨーロッパ語、特に英語の caliph をそのまま音写したものである。アラビア語の khalīfah は、「後に残される」、「続く」、「後継する」、「代わりになる」を意味する動詞 khalafa の派生語で、「後継者」、「代理人」を意味する普通名詞である。現代アラビア語でも、スーフィー教団のようなイスラーム団体だけでなく、会社のような世俗の集団でも、組織の長の「代理人」の意味で普通に用いられており、その「代理人」が「後継者」候補であることもしばしばある。また現代アラビア語では、固有名詞としても用いられることも珍しくない。世界で最も高いビルとして有名なブルジュ・ハリーファは、「カリフの塔」ではなく、アブダビ首長国の首長ハリーファ・ブン・ザーイド・アール・ナフヤーンの名にちなんだものである。

アラビア語には、英語と同じく定冠詞があるが、大文字、小文字の区別はなく、固有名詞を、語頭の文字を大文字にしてあらわすことはできない。khalīfah に定冠詞の al を付けて al-khalīfah としても、文脈次第で、特定の組織の長の代理人、後継者の意味になるだけで、必ずしも「カリフ」を意味するわけではない。英語では The Pope と大文字と定冠詞を組み合わせることでローマ教皇を特定でき、日本語では「教皇」と表記すればローマ教皇を特定できる。イスラーム、アラビア語との大きな文化的差異である。

「カリフ」の意味の詳細については後述するとして、ここでは次に、われわれが世界史教科書レベルの知識として共有する「預言者ムハンマドのカリフ」概念が成立した歴史的事件について概観しよう。

2 アブー・バクルのカリフ就任

預言者ムハンマドの崩御の後、アブー・バクル、ウマル、ウスマーン、アリーの四人の正統カリフが後に続いた、というのが世界史教科書の説明であり、これは後にスンナ派と称されるようになる宗派の歴史観に基づいている。先ず、スンナ派の歴史観に基づき、アブー・バクルによる預言者ムハンマドの後継を再構成しよう。

預言者ムハンマドは妻アーイシャ（アブー・バクルの娘）にみとられて亡くなった。ムハンマドの崩御の報が流れたとき、多くの主だった古参の教友たちでさえ恐慌状態に陥った。剛胆で知られ、後に第二代カリフとなるウマルでさえ、「使徒は今はただ身を隠されただけで、やがて自分たちのもとにまた帰って来るのだ。」と口走る有り様であった。初代カリフとなったアブー・バクルだけが冷静で、人々に対して「人々よ、ムハンマドを崇拝していた者にとって、まことにムハンマドは逝かれた。しかしアッラーを崇拝していた者にとっては、まことにアッラーは生きておられ、死に給うことはない。」と言い、「ムハンマドは一人の使徒に過ぎない。彼以前にも使徒たちが逝った。もし彼が死ぬか、殺されるかしたら、おまえたちは踵を返すのか。しかし誰が踵を返したとて、アッラーを損なうことはできない。しかしアッラーは感謝する者たちに報い給う。」（三章一四四節）のクルアーンの一節を読み上げた。この時ウマルは以下のように語ったと伝えられている。

「アッラーにかけて、私はアブー・バクルがこの節を読み上げたのを聞くや否や、驚きのあまり、両足で立っていることができず、地に倒れ伏しました。そして私はアッラーの使徒が本当にもうこの世にはおられないということを理解したのです。」

預言者の死後、マディーナのイスラーム国家は分裂の危機を迎える。

預言者の娘ファーティマ、娘婿アリーらの遺族が葬儀の準備に追われていた時、マディーナの在地の住民「援助者（アンサール）」は、自分たちの将来を決めるべく、有力者サアド・ブン・ウバーダを囲んでサーイダ族の広間に集っていた。それを聞きつけたアブー・バクル、ウマル、アブー・ウバイダら、マッカからの「亡命者（ムハージルーン）」の長老たちはそこに駆けつけた。援助者たちは最初、自分たちは独自の指導者を立て、亡命者たちも彼ら独自の指導者を立てるのがよい、と主張した。激論が続いたが、最終的には、「アラブの名門であり預言者の出身部族でもあるクライシュ族の亡命者の指導者でなければ、アラビア半島の全てのアラブ部族を従えることはできない。」とのウマルの説得が功を奏し、サーイダ族の広間に集まった「援助者」たちは、ウマルを先頭に「亡命者」の最長老アブー・バクルとバイア（忠誠誓約）を交した。

アブー・バクルは翌日モスクに向かい、マディーナの住民たちを前に、有名な以下の説教を行なう。

「人々よ。私はあなたがたの中で最良の者であるからといって、あなたがたの上に立つわけではない。それゆえ私が正しければ私を助け、私が誤りを犯せば私を正して下さい。まことに信義こそ安全であり、虚言は裏切りである。あなたがたのうちの弱者は私にとっては強者である。アッラーが望み給うなら、私は弱者にその権利を得させよう。あなたがたのうちの強者は私にとって弱者である。アッラーが望み給うなら、私は強者にその義務を果たさせよう。アッラーの道でのジハードを怠る民を、アッラーは必ず卑しめ給おう。人々の間に不品行が蔓延すれば、アッラーは必ずや彼ら全てに災害を及ぼし給おう。私がアッラーとその使徒に従う限り私に従いなさい。もし私がアッラーとその使徒に背いたなら、あなたがたには私に従う義務はない。さぁ、あなたがたの礼拝に向かいなさい。アッラーはあなたがたに慈悲を垂れ給おう。」

ここにマディーナの「援助者」とマッカからの「亡命者」がアブー・バクルとバイアを交し、アブー・バクルはアッラーの使徒の後継者（khalifah rasūl Allāh）を名乗ることになり、そのカリフ位が成立したのである。

これが、スンナ派の視点から遡及的に再構成されたアブー・バクルのカリフ位成立であるが、注意しなければいけないのは、アブー・バクルのカリフ位就任の時点では、後のカリフ制において制度化されていたような、カリフ就任のルールがあったわけではないことである。いや、それどころか、その時点では預言者ムハンマドの統治がいかなる性格のものであったかさえ、明文化された規定があったわけではなく、信徒の間に合意が成立していたわけでもなかったのである。

3　アブー・バクルのカリフ就任に対するアリーの反対

スンナ派の理解では、サーイダ族の広間での協議と翌日のモスクでのバイアによってアブー・バクルのカリフ位は成立したことになる。しかし既述の通り、その時点で、預言者ムハンマドの後継の手続きがはっきりと決まっており、信徒たちの間でその理解が共有されていたわけではなかったので、実はアブー・バクルが預言者の後継者カリフであることは全てのムスリムにすんなりと認められたわけではなかった。

第一の問題は、アブー・バクルのカリフ選出に際して、預言者の葬儀に忙しかった遺族のハーシム家の面々がサーイダ族の広間での協議に参加できずアブー・バクルのカリフ推戴において何の相談にも与《あずか》らなかったことで、後々禍根を残すことになった。

幼少時より預言者の養子として育てられ、妻ハディージャの次にイスラームを受け入れた男性で最初の信徒であり、預言者の従兄弟にして娘婿でもあったアリーは、アブー・バクルのカリフ位選任に不満を抱き、彼とバイアを交すことを拒否する。預言者の出身氏族ハーシム家の主だった人々、アリーの心酔者たちもこれに従った、と言われる。彼らの中で、預言者が生前にアリーを後継者に指名していた、と考える者たちが現れる。

預言者ムハンマドは、亡くなる前に行なった大巡礼からの帰りにガディール・フムの地で行なった演説の中で以下のように述べた。

「アッラーは私のマウラー（後見人）であり、私は信徒たちのマウラーである。私はあなた方自身よりもあなたがたにより親しいのである。私をマウラーとする者はアリーがそのマウラーである。（預言者はこの言葉を三回、あるいは四回繰り返した。）アッラーよ、彼に味方する者に味方し、彼に敵対する者に敵対し、彼を愛する者を愛し、彼を憎む者を憎み、彼を助ける者を助け、彼を見捨てる者を見捨て給え、彼が行くところがどこであれ彼に真理を同行させ給え。この場に居る者は、居ない者に伝えなさい。」

アリーの信奉者たちは、これらの預言者の言葉を典拠に、アリーこそ、預言者ムハンマドの正当な後継者であると考えるようになる。こうした考えを発展させていった者たちが、後にシーア派を形成することになるのであるが、預言者の後継に関するシーア派の理解の詳細については後述することにし、話を預言者の崩御の後日談に戻そう。

預言者の娘ファーティマが、ハイバルの果樹園などを父の遺産の分与としてアブー・バクルに請求したのをアブー・バクルが拒んだことが事態を悪化させた。預言者から聞いた「われら預言者は遺産を残さない。われらの遺したものは喜捨となる。ムハンマドの遺族は、ここにある(身の回りの)ものの中から取ることができるだけである。」との言葉が、アブー・バクルの遺産分与拒否の理由であったが、ファーティマはこの仕打ちに怒り、生涯にわたって二度とアブー・バクルと口を利くことはなかった、とも伝えられる。

ところがファーティマは預言者の死後間もなく父の後を追うように亡くなる。アリーは、妻のファーティマの葬儀にあたって、自ら葬礼を執り行ない、アブー・バクルの出席を拒んだ。しかし預言者の愛娘ファーティマの死後、人心が離反するのを感じたアリーはアブー・バクルを訪問し、和解を申し出、翌日、モスクで公衆を前に彼とバイアを交した。

こうしてマディーナのイスラーム共同体の分裂は、取り敢えずは回避された。しかし、アリーの服従によって、アブー・バクルのカリフ位が確立したというわけではなかったのである。

4 リッダ（背教）戦争

預言者ムハンマドが六三〇年にマッカを征服すると、アラビア半島の遊牧民諸部族はこぞってイスラームに入信し、彼が亡くなる六三二年にはアラビア半島のほぼ全域が預言者ムハンマドの権威を受け容れ、彼に宗教税ともいうべき法定喜捨（ザカー）を納めていた。ところがイスラームに入信して日も浅く、イスラームの知識も乏しく理解も浅かったアラブ遊牧部族の多くが、預言者の死後イスラームから離反する。いわゆる「背教戦争」である。

「背教戦争」のきっかけは、遊牧アラブ諸部族が、礼拝の義務だけを追認し、法定喜捨のアブー・バクルの居るマディーナの国庫への納入を拒否したことである。生前の預言者ムハンマドは政治的権威、宗教的権威を一身に体現するカリスマ的指導者であった。そして中央集権国家による統治の経験を有さない遊牧民たちは、「個人」と「公職」を区別する近代的市民的思考法とは縁が薄かった。

法定喜捨は、イスラーム国家の長としてのムハンマドが、シャリーアの定める義務である納入と配分の執行者として徴収するものであった。しかし、多くの遊牧民たちはそれをムハンマド個人への貢納として理解していた。ムハンマドに納めていた喜捨の納税義務は彼の死と共に消滅する。遊牧民たちはこう考えたのである。遊牧諸部族による喜捨の支払い拒否という事態への対応をめぐって、マディーナでは意見が割れた。和平派の代表は後に第二代カリフとなるウマルであった。ウマルは戦いを主張するカリフ・アブー・バクルに対して述べた。

「アッラーの使徒は『私は人々が〃アッラーの他に神はない〃と証言するまで戦うように命じられた。そして〃アッラーの他に神はない〃と証言した者は、その証言に伴う義務を除いて、その身命と財産の保全を私によって保証され、その裁きはアッラーに委ねられる。』と言われたというのに、どうしてあなたは彼らと戦うのか。」

これに対してアブー・バクルは、「アッラーに誓って、私は礼拝と喜捨を区別する者と戦う。なぜならば喜捨とは、『アッラーの他に神はない』との証言に伴う財産にかかる義務だからである。」と返答し、ウマルら和平派を論破し、法定喜捨を徴収しイスラーム法を施行するカリフの権威を認めない者を「背教者」とみなし、その討伐を決めた。

アラビア半島全土を揺るがした「背教」戦争は、多くの教友の犠牲の上に、イスラームによるアラブの再統一によって終わる。アラビア半島の再統一を果たしたアブー・バクルは、二年あまりの短い治世を終え病没したのである。

5　カリフ制成立

サーイダ族の広間での談合でアブー・バクルがカリフに推戴され、彼が翌日モスクでカリフの所信表明演説を行ない、マディーナの住民たちが彼とバイアを交してカリフ制が成立した、というのは、あくまでも後世のスンナ派が遡及的に再構成した「物語」である。

「背教」戦争でアブー・バクルが破れていればイスラーム自体が消滅し、カリフ制も歴史に残ることはなかったであろう。あるいは、アリーが暗殺されることなく天寿を全うし、ハサンにカリフ位を継がせ、アリー家の支配が確立していれば、シーア派のカリフ（イマーム）制が成立し、アリーが初代カリフとなり、アブー・バクルは簒奪者としてカリフの歴史から抹消されていたであろう。しかし、アブー・バクルが「背教」戦争に勝ったため、アブー・バクルの事績が、事後的にカリフ就任のルールとなったのである。

預言者ムハンマドの崩御の後、サーイダ族の広間での談合でアブー・バクルがカリフに推戴され、翌日、モスクにマディーナの援助者と亡命者からなる住民たちを集めてカリフ就任の所信表明演説を行ない、彼らとバイアを交わすことで、カリフ位が成立したことは既に述べた。しかし、それはあらかじめ存在したカリフ位就任のルールに則って行なわれたわけではなく、全てのムスリムがそれに同意していたわけでもない。

つまり預言者ムハンマドには一人の後継者カリフが存在し、イスラーム法に則り、ムスリム全体の統一を護らなければならないこと自体が、亡命者と援助者の一部の有力者のみの談合によって決められ、そしてそこでその新設のカリフ位にアブー・バクルが初代カリフとして推戴されたのであり、マディーナの他の住民は、カリフ位創設についてもその人選についても、相談に与《あずか》ることはなく、事後承諾の形で新任のカリフとバイアを交わしたのである。聖都マッカの住人たちもアブー・バクルのカリフ選任において全くの蚊帳《かや》の外であった。そして、新たにイスラームに入信したアラビア半島の諸部族に至っては、アブー・バクルが預言者ムハンマドの後継者カリフとなることに事後承諾すら求められることもなく、イスラームの教える礼拝を行なっていたにもかかわらず、新任のカリフへの法定喜捨の納税を拒んだために、一方的に「背教者」の烙印を押され、討伐されたのである。

アブー・バクルは、預言者ムハンマド亡き後も彼が有した政治的権威によるウンマ（ムスリム共同体）の統一が、その一人の後継者カリフによって継承され、それは預言者の高弟の有力者たち、つまりウンマの政治的中枢の者たちによって決められ、預言者の町マディーナ、現在で言うところの首都の住民の事後承諾を得ることで確定し、それ以外のムスリムはただその決定に従う、という先例を確立したのである。

但し、カリフの就任手続きは、この時点では定式化、明文化されることはない。それはおよそ数百年後のことになるが、それについては後述しよう。

6　正統カリフ

後のスンナ派はアブー・バクル、ウマル、ウスマーン、アリーの四代のカリフを正統カリフと呼ぶ。彼らはどのようにしてカリフになったのであろうか。

アラビア半島の再統一を果たしたアブー・バクルは、二年あまりの短い治世を終え病没するが、アブー・バクルは臨終に当たってウマルを次期のカリフに指名し、アブー・バクルの死後、ウマルはこのアブー・バクルの遺言に基づき、マディーナのムスリムたちのバイアを受けて第二代のカリフに就任する。

第二代カリフ・ウマルはペルシャ人の奴隷の凶刃に斃《たお》れるが、死に臨んで、ウスマーン、アリー、ズバイル、タルハ、アブド・アル＝ラフマーン、サアドの六人の預言者ムハンマドの古参の高弟たちを指名し、彼らの間で協議して次期カリフを選ぶように遺言した。この六人はアブド・アル＝ラフマーンに選定を依頼した。彼は最終的にアリーとウスマーンの二人に絞り、モスクに人々を集め、その前で先ずアリーの手を取り、「あなたはアッラーの書（クルアーン）とその預言者のスンナ（慣行）とアブー・バクルとウマルの行跡に則って統治することで私とバイアを交しますか。」と尋ねたが、アリーは「いいえ、私は自分自身の能力と裁量によって統治します。」と答えた。次いでアブド・アル＝ラフマーンがウスマーンの手を取り同じことを尋ねると、ウスマーンは「はい、そうします。」と答えて、アブド・アル＝ラフマーンの手を取った。そこで人々がウスマーンにバイアを捧げ、こうしてウスマーンが第三代カリフに就任したのである。

第三代カリフ・ウスマーンがマディーナの自宅を叛徒によって襲われ殺害されると、当時のカリフの座、首都マディーナの信徒たちのバイアを受けてアリーが第四代カリフに就任する。しかしアリーの就任に当たっては、第三代カリフ・ウスマーンの親戚でシリア総督であったムアーウィヤが、アリーにウスマーン殺害者の処罰を求めて異議を唱えた。しかしアリーがそれを拒否したことから、ムアーウィヤはアリーのカリフ位の正当性を認めず、自らもカリフ位を要求し、内乱となった。

アリーがムアーウィヤとの戦いの途中に、離反した分離派ハワーリジュ派の刺客によって暗殺されると、その長男ハサンがカリフの位をムアーウィヤに禅譲したため、ムアーウィヤがカリフに就任する。ムアーウィヤはそれまでの慣行を破り、息子のヤズィードへのカリフの世襲を力ずくでムスリムたちに押しつけた。以後、カリフ位は世襲王朝に変質する。それゆえ、世襲ではなく人々のバイアによってカリフになったアブー・バクルからアリーまでの四代のカリフをスンナ派では正統カリフと呼ぶのである。

正統カリフたちのカリフ位成立を見ると、アブー・バクルは預言者ムハンマドの一部の高弟たちによる談合でカリフに推戴され、翌日マディーナの住民のバイアを受けてカリフになり、第二代ウマルは初代カリフの指名を経てマディーナの住民のバイアを受け、第三代ウスマーンは第二代カリフの指名したカリフ選定人の裁定を経てマディーナの住民のバイアを受け、第四代アリーはマディーナの住民のバイアによって、カリフになっている。つまり、カリフの選定の手続きは様々で、共通点は、カリフの座、首都マディーナの住民のバイアによってカリフ位が成立する、ということであった。

スンナ派はアリーのカリフ位を認め、彼を第四代正統カリフとみなす。しかし、実際にはもはや巨大になった「イスラーム帝国」において、カリフの座、首都マディーナは政治経済的にはもはや独占的な影響力を有しておらず、マディーナのムスリムたちだけのバイアを得ただけではカリフ位は確立されなかった。アリーとムアーウィヤの争いは、預言者の町マディーナの有力者だけでカリフを決めるという正統カリフたちの慣行の破綻を意味するものでもあった。マディーナでカリフになったアリーも後にカリフの座をイラクのクーファに移した。そしてその後現在に至るまで、マディーナは、カリフの座に戻っていない。

7　預言者の後継者としてのアリー

「アッラーは私のマウラー（後見人）であり、私は信徒たちのマウラーである。私はあなた方自身よりもあなたがたにより親しいのである。私をマウラーとする者はアリーがそのマウラーである。」との預言者ムハンマドの言葉は既に紹介した。これらの伝承を典拠にシーア派はアリーを預言者ムハンマドの後継者とみなす。しかし、シーア派は単に預言者ムハンマドの後継者がアブー・バクルではなくアリーであると考えるだけではない。そもそも「ムハンマドの後継者」の意味の理解が異なるのである。

「私はあなたがたの中で最良の者であるからといって、あなたがたの上に立つわけではない。それゆえ私が正しければ私を助け、私が誤りを犯せば私を正して下さい。」とのアブー・バクルによるカリフ就任の所信表明演説は、アブー・バクルが過ちを犯すただの人間であることを示している。イスラーム神学によると、預言者とは神から天啓法シャリーアを授かる者であるだけではなく、過ちを犯さない無謬の存在である。アブー・バクルは預言者ムハンマドの後継者ではあっても、神から新たに天啓法を授かることがないばかりか、無謬の存在でもない。

「私がアッラーとその使徒に従う限り私に従いなさい。もし私がアッラーとその使徒に背いたなら、あなたがたには私に従う義務はない。」とのアブー・バクルのカリフ就任所信表明には、カリフとは預言者ムハンマドが神からもたらした天啓法シャリーアの執行者でしかなく、その施行においても過ちを犯すことがあり、カリフが過ちを犯したか否かは、ムスリムたちが自ら天啓法シャリーアに照らして判断することができる、とのアブー・バクルのカリフ理解が端的に表現されている。

ところが、シーア派の信ずるところではアリーは新しい天啓法を授かることがないのを除き、預言者と全く同じく神から言葉を授かり導かれた無謬の存在である。つまり、「アリーが預言者ムハンマドの後継者である」という意味は、アリーだけが預言者の授かった天啓法シャリーアの正しい解釈を知っておりそれを正しく施行することができる、ということである。この場合、預言者の後継者は天啓法シャリーアに反した統治を行なうことがありえないばかりではなく、そもそも神から導かれて天啓法シャリーアの正しい解釈を知る者が彼しかいない以上、彼が天啓法シャリーアに則っているか、反しているかを人々が判断することができないのである。

このようにアブー・バクルとアリーでは、預言者ムハンマドの後継者としての性格が全く異なる。

それは西欧政治学の枠組みでは民主制と神権制の違いとして映るものであるが、その分析は、後述することにし、ここでは後継の手続きの違いだけを論じよう。

アブー・バクルのカリフ位選出においては、そもそも預言者の後継者カリフを決めること自体がサーイダ族の広間の談合で決められ、アブー・バクルはその場に居合わせた「亡命者」と「援助者」の長老たちによって選ばれた。

他方、アリーについては、「アッラーは私のマウラー（後見人）であり、私は信徒たちのマウラーである。私はあなた方自身よりもあなたがたにより親しいのである。私をマウラーとする者はアリーがそのマウラーである。」との預言者ムハンマドの言葉が典拠に引かれるように、アッラーの使徒によって指名された後継者と考えられるようになる。シーア派の伝承群によると、預言者ムハンマドが神によって預言者、使徒に選ばれたように、アリーが神によってアッラーの使徒の後継者に選ばれたことになる。そしてアリーがアッラーの使徒によって後継者に指名されたことが神意の表現であるのと同じように、アリーの後継者もまた神によってあらかじめ決められており、神意はアリーの指名によって示される。その後継者たちも同様である。

アリーを預言者ムハンマドの後継者と考える者は、西欧政治学で言うところの一種の「王権神授説」を取っているのである。

8　カリフの別称

カリフの原語khalīfah（ハリーファ）が一般名詞であり、必ずしもアッラーの使徒の後継者を指すわけではないことは既に述べた。実は、アッラーの使徒の後継者を表わす言葉も、カリフ（khalīfah）だけではない。

第二代カリフ・ウマルがカリフに就任する時、名称をどうするかで議論になり、khalīfah khalīfah rasūl Allāh（アッラーの使徒の後継者の後継者）の名が出たが、冗長なために、amīr al-muʾminīn（信徒たちの長）の名が選ばれた。以後、amīr al-muʾminīn（信徒たちの長）はカリフの別称として定着し、歴代カリフたちは「信徒たちの長」を名乗ることになる。しかし、「信徒たちの長」がカリフの別称になったとは言っても、「信徒たちの長」を名乗る者が必ずしもカリフというわけではない。

時代は前後するが、現代の話をすると、有名なのがモロッコの国王である。モロッコ憲法は、国王を『信徒たちの長』にしてウンマの一体性の象徴」と規定している。「ウンマ」もまた「共同体」を意味する普通名詞であるが、定冠詞を付けると、普通は「ムスリム共同体」を意味する。そこでこの憲法の一節は、「全てのムスリムの一体性を象徴するカリフ」を含意することになるが、ここでの「ウンマ」はモロッコ国民を指し、信徒たちの長は、単にモロッコのムスリムの長を意味する、と言うこともできる。これはおそらく意図的に選ばれた用語である。そしてそれはアラビア語の性質に根ざしているのである。それは定冠詞の存在、大文字の不在だけではなく、専門用語を作らず、日常用語に意味を重ねていく、というアラビア語の特徴にも由来しているのであるが、それについては後述しよう。

また「信徒たちの長」の称号を名乗る者としては、アフガニスタン・イスラーム首長国（Imārah Afghānistān al-Islāmiyah）のモッラー・オマルがいる。そもそも首長国と訳したImārah自体「amīrによる統治制度」を意味し、amīr al-mu'minīn（信徒たちの長）モッラー・オマルあってのアフガニスタン・イスラーム首長国であった。

そしてイスラーム国の初代カリフに就任した「アブー・バクル」イブラーヒーム・バグダーディーは、イスラーム国を樹立しカリフを名乗る以前から「イラクとシャームのイスラーム国（ＩＳＩＳ）」の元首としてamīr al-mu'minīn（信徒たちの長）を名乗っており、当時から信奉者の中には、彼をカリフと考える者も多かった。そこで筆者は二〇一三年一二月一九日、当時ＩＳＩＳイドリブ県知事であったウマル・ミウラータと直接インタビューし、その時点では「アブー・バクル」バグダーディーが、ＩＳＩＳの長に過ぎず全ムスリムのカリフではないことを確認した。

既述のようにスンナ派の伝統では、カリフの別称を「信徒たちの長」としたのはウマルとされる。他方、シーア派の伝承には、「天の玉座の天蓋には『アリーは信徒たちの長である。』と書かれている。」「アッラーの使徒は『アリーに対して信徒たちの長という形で挨拶しなさい。』と言われた。」とあり、「信徒たちの長」とはなによりもアリーの尊称なのである。しかし、シーア派の伝統では、「信徒たちの長」はアリーの尊称であっても、彼の後継者たちに対しては尊称として定着しなかった。シーア派では、預言者ムハンマドの後継者アリーとその後継者たちに共通して用いられる最も一般的な名称はイマームである。そして実はイスラーム法学、イスラーム神学など、イスラーム教学における「カリフ」を指す用語は「イマーム」なのである。しかし、これについては以下の章で詳述する。

また「カリフ」とは、現代のスンナ派の共通理解では、「アッラーの使徒の後継者（khalīfah rasūl Allāh）」

の略称である。後のスンナ派の伝統では、アブー・バクル自身が、「私は khalīfah Allāh（アッラーの代理人）ではなく khalīfah rasūl Allāh（アッラーの使徒の後継者）である。」と言ったとされ、それは半ば自明視されている。しかし実は初期イスラーム史においては、「カリフ」の用法は、「アッラーの使徒の後継者（khalīfah rasūl Allāh）」と「アッラーの代理人（khalīfah Allāh）」が競合していた。そして「アッラーの代理人（khalīfah Allāh）」の意味での「カリフ」の用法にはクルアーン的根拠があるのである。

9 クルアーンにおけるカリフ

「カリフ（khalīfah）」は、後継者、代理人の意味の一般名詞であり、クルアーンでも用いられている。クルアーンにおけるカリフの用例は、単数形 khalīfah が二例（二章三〇節、三八章二六節）、複数形 khalāʾif（六章一六五節、一〇章一四節、一〇章七三節、三五章三九節）四例、khulafāʾ（七章六九節、七章七四節、二七章六二節）三例の合計九例である。中でも重要なのが以下の単数形の二例である。

「おまえの主（アッラー）が天使たちに、『われは地に代理人をなす。』と仰《おお》せられた時のこと、彼らは言った。『あなたは悪をなし、血を流す者をそこに創り給うのか。われらがあなたへの称賛をもって賛美し、あなたに対して崇めまつるものを。』彼は仰《おお》せられた。『まことにわれは、おまえたちの知らないことを知っている。』」（二章三〇節）

スンナ派の古典標準クルアーン注釈『ジャラーラインの注釈』は「われは地に代理人をなす」の句を、「地においてわが命令の執行においてわれわれの代理人とする。これはアーダムのことである。」と注釈している。アーダムとは、ヘブライ語聖書のアダムである。つまり、クルアーンは、アーダムを「地上におけるアッラーの代理人」と呼んでいるのであるが、アーダムは人類の太祖であることから、人類を代表する場合があるため、ここでも「地上におけるアッラーの代理人」が預言者アーダム個人であるのか人類一般の性格であるのかは、必ずしも明らかではない。それを明らかにするのが、以下の二七章六二節である。

「ダーウードよ、われら（アッラー）はおまえを地上の代理者（khalīfah fī al-arḍ）とした。それゆえ人々の間を真実をもって裁け。欲望に従ってはならない。それはおまえをアッラーの道から迷わすであろう。まことに、アッラーの道から迷った者たち、彼らには清算の日を忘れたがゆえに厳しい懲罰がある。」

ダーウードとはヘブライ語聖書のダヴィデ王であり、この句ではアッラーはダーウードを自分に代って人々の間を裁く正義の王に任命したと述べている。つまりここでのカリフはアッラーによって彼の代理人（khalīfah）に任命された者であり、「アッラーの使徒の後継者（khalīfah rasūl Allāh）」ではなく、「アッラーの代理人（khalīfah Allāh）」を意味している。一見すると「人々の間を裁く正義の王」は、カリフの別称として相応しいものに見える。しかし、なぜ、「khalīfah Allāh（アッラーの代理人）」ではなく、「khalīfah rasūl Allāh（アッラーの使徒の代理人）」がスンナ派のカリフの通称になったのかは、実は極めて重要な問題であるため、カリフ制の歴史的変遷を扱う以下の章において改めて詳しく論じることにしよう。

ちなみに、クルアーンにおける「カリフ」の複数形の用法は、人々が時代と共に移り変わり次々と後を継いでいくことを表わしており、「カリフ」はアッラーの「代理人」ではなく、人間の間での前の世代の「後継者」の意味である。ここでは、人間の間に多様性、あるいは不平等が存在することの意味を教える以下の節だけを例としてあげておこう。

「彼（アッラー）こそはおまえたちを地のカリフ（継承者）たちとなし、おまえたちのある者をある者よりも地位を高め給うた御方。それは、彼がおまえたちに与え給うたものにおいておまえたちを試み給うためである。まことにおまえの主は懲罰に速く、また、まことに彼はよく赦す慈悲深い御方。」（第六章一六五節）

10 ハディースにおけるカリフ

クルアーンには預言者の後継者という意味でのカリフの用例はない。一方、カリフに言及したハディースは数多い。ここではいくつかの重要なスンナ派のハディースのみを以下に挙げよう。

「預言者職のカリフ職（の存続）は三〇年である。その後は、アッラーは王権をお望みの者に授けられる。」（ハディース：アブー・ダーウード）

このハディースは、カリフの存続がアブー・バクル、ウマル、ウスマーン、アリーの正統カリフ四代の治世（六三二―六六一年）三〇年であり、その後には王制（mulk）が敷かれることを指している。非ムスリムのオリエンタリストたちはこのハディースを後付けの偽作と考える。本書ではスンナ派のハディース学の基準に照らして明らかな偽作とみなされるハディースは取り上げないが、それ以上の真偽の検証には立ち入らない。

このハディースの字義は、カリフ制度が三〇年で終わることを示している。

「最後の審判の日が至るか、あなた方の上に全員がクライシュ族出身の一二人のカリフがいる限りは、この宗教（イスラーム）は存続する。ムスリムの一団が『ホワイトハウス』、つまりペルシャ皇帝、あるいはその一族の宮殿を征服する。」（ハディース：ムスリム）

「一二人のカリフまではイスラームは偉大であり続ける。彼らは皆、クライシュ族である。」（ハディース：ムスリム）

「一二人のカリフが過ぎ去るまでは、このウンマ（ムスリム共同体）の状態は健全で、敵に対して優勢であり続けるが、その後には混沌に陥る。」（ハディース：タバラーニー）

これらのハディースはカリフが一二代目まではムスリム共同体が栄えるが、その後は衰退することを示している。一二イマーム・シーア派はこの一二人のカリフを彼らのイマームと解釈するが、スンナ派の理解では一二代目のカリフは、ウマイヤ朝第八代カリフ・ウマル二世との説が有力である。

「ホラーサーンの方から黒旗が迫ってきたなら、そこに赴け。なぜならそこには正しく導かれたアッラーのカリフがいるのであるから。」（ハディース：スユーティー）

「あなた方の財宝の下で三人が殺される。彼らは皆、カリフの息子であるが、それは彼らの誰にも渡らない。その後、東方から黒旗が掲げられ、彼らはあなたがたと戦うが、それは、それまで誰も戦ったことのない（ほど熾烈な）ものである。それゆえそれを見たなら、雪の上を這ってでも彼の許に赴き彼とバイアを交わせ。なぜなら彼は正しく導かれたアッラーのカリフだからである。」（ハディース：

イブン・カスィール）

これらのハディースは黒色をシンボルとしたアッバース朝革命を指すものと考えられている。

「人々はアッラーの使徒に吉事について尋ね続けましたが、私は彼に厄災について尋ねました。すると人々は彼に目をやりました。すると（使徒は）言われました。『あなたがたが知らないものが生じるだろう。』私が『アッラーの使徒よ、アッラーが私たちに授けられたその吉事の後に、その前にあったような厄災があるでしょうか。』と言うと、（使徒は）言われました。『はい。』私が『どうすればそれから護られるのでしょう。』（使徒は）言われました。『剣です。』私が『アッラーの使徒よ、その後には何が。』と言うと、（使徒は）言われました。『地上にアッラーのカリフが現れ、あなたの背を打ち（暴政をしき）、あなたの財産を奪う。それでも彼に従うか、さもなければ（人里離れた山に逃れて）草の根を囓《かじ》って（飢えて）死になさい。』私が『その後には何が。』と言うと、（使徒は）言われました。『それから偽救世主（ダッジャール）が表われるが、彼には川と火がある。彼の火に落ちた（命令に背いた）者には、その重荷が免じられその報酬が必定となるが、彼の川に落ちた（命令に従った）者はその報奨が減らされ重荷が必定となる。』私が『その後には何が。』と言うと、（使徒は）言われました。『その後には最後の審判の日が到来する。』」（ハディース：アブー・ダーウード）

このハディースでは、カリフは暴君であり、暴君の時代の後にはいよいよ偽救世主が出現し、この世は終わり、最後の審判の日を迎えることになる。

「このウンマ（ムスリム共同体）の始まりは預言者制と慈悲であり、次いでカリフ制と慈悲となり、次いで暴政となり、次いでこのウンマに不正、専制、堕落が生じ、飲酒や（婚外）性交を解禁するが、それにもかかわらず彼ら（不義の為政者たち）は（最後の審判の日に）アッラーにまみえるまでは、助けられて栄華を誇るであろう。」（ハディース：イブン・ハジャル・アスカラーニー）

このハディースでは預言者の時代、カリフの時代はアッラーの慈悲に恵まれているが、その後には不正な暴君の時代が訪れ、最後の審判に至るまで悪が栄えると予言されている。

「アッラーの使徒は言われました。『あなたがたの中にアッラーがお望みの間、預言者制が続くが、その後でアッラーはそれを取り上げようとお望みの時にそれを取り上げられる。その後で預言者制の道に則ったカリフ制が到来しアッラーがお望みの間存続するが、その後でアッラーはそれを取り上げようとお望みの時にそれを取り上げられる。その後で暴政が現れ、アッラーがお望みの間存続するが、その後でアッラーはそれを取り上げようとお望みの時にそれを取り上げられる。その後で預言者制の道に則ったカリフ制が到来する。』そして（アッラーの使徒は）口を閉ざされました。」（ハディース：イラーキー）

このハディースではカリフの語は「預言者制の道に則った（'alā minhāj nubūwah）」の語で形容されているが、これは正統カリフ（khulafā' rāshidūn）とほぼ同じ意味である。このハディースで注目すべき点は預言者制の道に則ったカリフの時代が終わった後には暴政が続くが、その後に再び、預言者制の道に則ったカリフ制が再興されるとの予言である。

既に述べたように「カリフ（khalīfah）」とは普通名詞であり、ハディースにおけるカリフの意味も文脈に応じて変わる。本章では、スンナ派のハディースには、預言者の後継者たるに相応しい英主にも簒奪者とも呼ぶべき悪政を行なう暴君にも「カリフ」の語が用いられていることを確認するに留め、古典イスラーム学がそれらの用法をいかに整合的に解釈してカリフ論を構築したかについては後述する。

❷ イスラーム学とカリフ——神学と法学の諸相

1 アラビア語とイスラーム

イスラームとアラブは同義ではない。現在のムスリム世界では一二―一六億人とも言われるムスリムの中でアラブ人は三億人ほどである。またアラブ人の中には、ヨーロッパのユダヤ教やキリスト教より古い歴史と伝統を持つユダヤ教徒やキリスト教徒の宗派が今も数多く残っている。またイスラームの自己理解においてはイスラームとはアーダム以来の宗教であり、アラブの預言者ムハンマドが創始した宗教というわけではない。とは言え、アラブとイスラーム、より正確にはアラビア語とイスラームの結びつきが極めて強いことも確かではある。

預言者ムハンマドが教えを説き始めた時、既にアラブは独自の文字を有しており、古アラビア文字で書かれた碑文が今も残されている。またアラブの商人たちの中には契約書を交わすことができる者もいた。それでも、当時のアラブ人の間で読み書きが広く普及していたとは言えず、商契約においても契約書を作るよりも証人を立てる方が普通であり、なによりも信用ある商人であったムハンマド自身が文盲であった。預言者ムハンマドの時代のアラブ人は、既に固有の文字を有してはいたが、まだ文字は一般には普及しておらず、読み書きを教える学校のような制度もなく、文学作品、公文書録、学術書などの文字文化はまだ存在していなかったのである。

聖典クルアーンにしても、ムハンマドに下された啓示が彼自身によって自動書記のような形で文字に書き留められたわけではなく、書記が書き留めて編集していったわけでもない。彼の啓示は、断片的に覚書として書き留められることはあったが、人々に声を出して読み聞かされ、それを人々が復唱し暗唱した上で人々に伝える、という口承による保持が基本であった。そもそもクルアーンとは「音読されるもの」という意味であり、現在に至るまでクルアーンは口承によって伝えられたものこそが真性のクルアーンとみなされている。

ところがこうしたクルアーン暗唱者たちの多くが、ムハンマド逝去後の「背教戦争」によって戦死したため、クルアーンの伝承にノイズが生じるのを恐れた第三代カリフ・ウスマーンの治世中にクルアーンの結集が行なわれ、文字によって書き留められた現在のクルアーンの原本が成立したのである。このウスマーンの命令によって作成されたクルアーンの写本をウスマーン本と呼ぶが、ウスマーン本は六冊作成され、当時の主要都市に配布された、とも伝えられる。

それゆえ、クルアーンはアラビア語で書かれた最初の「書物」と言ってもよく、アラブの書物の歴史はイスラームと共に始まる。クルアーンのウスマーン本の成立の後にアラビア語の正書法が整備され、イスラーム暦二世紀後半、西暦八世紀後半にはアラブ文法学者ハリール〔西暦七八九年没。以下没年注は全て西暦〕によってアラビア語の最初の辞書『泉（*al-'Ain*）』が著わされる。

預言者ムハンマドに下されたクルアーンの最初の啓示は、「読め、汝の主の御名によって。創造された御方、人間を凝血から創造された。読め、最も寛大な汝の主。筆とる術を教えられた御方。人間に知らなかったことを教えられた。」（九六章一―五節）である。

この最初の啓示は、読み書きこそ学知の初めであり、学知を教えることがイスラームの第一の前提である、というイスラームの学問観をこの上もなく明晰に表わしているということができよう。

2　イスラームにおける「学知」

アラビア語では「知識」、「学問」を「イルム」、学者を「アーリム」、その複数形を「ウラマーゥ」という。

イスラームはアラブ人に「書物」の世界の扉を開いた。「書物」の世界を知ったアラブ人は、書物を通じて当時の世界の最先端の学知を貪欲に吸収していった。中でも最も特筆すべきが、ヘレニズム文化が本格的にイスラーム文明に同化される「翻訳の時代」とも呼ばれるアッバース朝初期の約一世紀

（七五〇—八五〇年）である。この時代に、シリアのキリスト教徒やサービ教徒の翻訳家たちの手によって、ユークリッドの『幾何学原理』、プトレマイオスの『天文学大全』、ガレーノスやヒッポクラテスの医学書、そして『範疇論』、『命題論』、『形而上学』、『自然学』、『霊魂論』等アリストテレスの現存したほぼ全著作がアラビア語に翻訳されたのである。

イスラーム学の認識論は、人間の知の有限性の確認を出発点とする。人間の知識は、天性によってアプリオリに知られる生獲知と、考察によって得られる獲得知に二分される。さらに獲得知は理性によって知り得るものと、伝聞によって知り得るものとに二分される。「理性によって知り得るもの」に関わる学問は「理性の学（ウルーム・アクリーヤ）」と呼ばれ、「伝聞によって知り得るもの」に関わる学問は「伝承の学（ウルーム・ナクリーヤ、ウルーム・サムイーヤ）」、あるいは「シャリーアの学（ウルーム・シャルイーヤ）」と呼ばれる。シャリーアとはクルアーンと預言者ムハンマドの言行録ハディースの教えの総体である。「伝承の学」が別名「シャリーアの学」とも呼ばれるのは、伝聞資料の中でも、アッラーの御言葉「クルアーン」とその使徒ムハンマドの言行録ハディースの重要性が、他を圧しているからである。

一四世紀に書かれた『諸学の鍵』は、当時のイスラーム世界に存在した学問を先ず「シャリーア学及び関連アラビア語学」、「異人（主としてギリシャ人）の学」に二分する。「シャリーア学及び関連アラビア語学」、「異人の学」は上述の「伝承の学・シャリーアの学」、「理性の学」に対応している。さらに「シャリーア学及びアラビア語学」は⑴法学、⑵神学、⑶文法学、⑷書記学、⑸詩学、⑹史学、に六分され、「異人の学」は⑴哲学、⑵論理学、⑶医学、⑷数学、⑸幾何学、⑹天文学、⑺音楽、(8)力学、(9)化学に九分される。

ウラマーゥは、「学者」一般を指すが、このイスラーム世界の知的伝統の中では、特に「シャリーア学及びアラビア語学」、あるいは「伝承の学・シャリーアの学」の専門家がウラマーゥと呼ばれる。本章で論ずる「学知」とは、このウラマーゥたちが築き上げてきたシャリーアの学問のことであるが、シャリーアの学問、即ち、イスラーム教学において特に重要なのが、法学（fiqh）と神学（kalām）である。法学と神学は、聖典クルアーンとハディースの注釈と並んで、イスラームの教義を知るための典拠となるが、教義が構造的・体系的にまとめて述べられているのは、法学と神学であるため、本章では主として神学書と法学書を用いる。なお、アラビア語で「注釈」に当たる言葉で最も一般的な語は sharḥ であり、ハディースの注釈は sharḥ と呼ばれるが、クルアーンの注釈は特に tafsīr（クルアーン注解）と呼ばれる。

現在のスンナ派（ahl al-sunnah wa-al-jamāʻah, sunnī）はスンナ派の起源を預言者ムハンマドとその教友たちに遡らせるが、スンナ派がいつ成立したかの明確な日時を言うことはできない。しかし、現代に至るまでスンナ派の主流は、ハナフィー派、マーリキー派、シャーフィイー派、ハンバリー派の四法学派、アシュアリー派とマートリーディー派の二神学派への帰属をアイデンティティーとしてきた。それゆえ本書では、スンナ派の成立を、およそ彼らが学祖と仰ぐアブー・ハニーファ〔七六七年没〕、マーリク〔七九五年没〕、シャーフィイー〔八二〇年没〕、イブン・ハンバル〔八五五年没〕、アシュアリー〔九三五年没〕、マートリーディー〔九四四年没〕の生きた時代、即ち西暦八―一〇世紀あたりと考えることにしたい。

3　神学におけるカリフ

神学の成立は法学より後であるが、カリフが主題的に論じられるようになるのは、神学が先である。アシュアリー派神学祖アシュアリーは、その神学書の最終章をカリフ論に当てたが、それは以後、神学書の慣行となり、カリフ論は神学の主題の一つとなる。アシュアリーの『解明（*al-Ibānah*）』の「カリフ」章の主要部分を以下に訳出しよう。

「……これらのアッラーが称賛された者たち（マッカからの亡命者たちムハージルーン、マディーナの在地の援助者たちアンサール）がアブー・バクルのカリフ位（imāmah）に合意し、彼をアッラーの使徒のカリフと呼び、彼とバイアを交わし、彼に従い、彼に優越（faḍl）を認めたのである。……

……クルアーンには別の典拠があり、アブー・バクルのカリフ位を示しているのである。……別の典拠は、アブー・バクルのカリフ位に関するイジュマーゥ（コンセンサス）であり、ムスリムたちが皆、彼とバイアを交わし、彼に従い、彼をアッラーの使徒のカリフと呼んだことも、アブー・バクルのカリフ位を示しているのである。……

アブー・バクルのカリフ位にイジュマーゥと（見解の）一致が成立したが、アブー・バクルのカリフ位が確定したならウマルのカリフ位も確定されるのである。なぜならウマルがアブー・バクルの後では彼らの中で最も高徳だったために、アブー・バクルはウマルをそれに選び、彼と契約し、彼を指名したからである。そしてウマルの後には、ウマルが指名した評議員たち（アフル・アル＝シューラー）がウスマーンを選び、彼のカリフ位に納得し、その徳と義に合意したことで、彼らがウスマーンにカリフ位を締結した契約締結によってウスマーンにカリフ位は確定したのである。そしてウスマーンの後には、アリーのカリフ位が、預言者の教友の『解き結ぶ者たち（ahl al-ḥall wa-l-ʿaqd）（有力者）』による彼への（カリフ位の）契約締結によって確定したのである。なぜなら彼（アリー）の在位中、評議員たちの誰一人、アリー以外の者を推さなかったからである。……」（al-Ashʿarī, al-Ibānah）

後述のように、イスラーム教学の用語ではカリフはイマーム、カリフ位はイマーマと呼ばれる。そして、アシュアリー以降、スンナ派イスラーム学では、神学においてカリフ位の正当性を論じることが慣行となる。しかしアシュアリーにおいては、その関心は歴史的なカリフ位の正当性であったが、後のスンナ派神学はカリフ制度それ自体の正当性をも論証するようになる。

スンナ派イスラーム学の大成者、最大の神学者と言われるガザーリー〔一一一一年没〕は『信条における中庸（al-Iqtiṣād fī al-Iʿtiqād）』において言う。

「カリフ（イマーム）の擁立の義務は、先ず理性ではなくシャルウ（聖法）から、次いでウンマ（イスラーム共同体）のイジュマーゥから引き出される。また現世における利益と害の抑止がそれにはあるためである。

カリフ（イマーム）の擁立の義務の聖法上の決定的な論証は、以下の通りである。

宗教事項の整序は、聖法の主宰ムハンマドが目指されたことであるが、従われるカリフ（イマーム）無しには、宗教事項が整序されることはない。そして従われるカリフ（イマーム）は、聖法の主宰である。

そして、従われるカリフ（イマーム）無しには、宗教事項が整序されることはないことの論証については、以下のように言おう。

宗教事項の整序は現世の事項が整序されなければ成り立たない。

ところが現世の事項の整序は従われるカリフ（イマーム）無しには成り立たない。

それゆえ宗教事項の整序は従われるカリフ（イマーム）無しには成り立たない。

宗教の整序は知識と崇拝によるのであるが、それは身体の健全と安全によってしか達成されない。

身体の健全と財産と生命を含む安全は、従われるスルタン（権力者）なしには実現されない。

それゆえ宗教の整序は従われるスルタンなしには実現されない。

それゆえ現世の整序は宗教の整序の条件である。

スルタンは現世の整序において不可欠である。そして宗教の整序は来世の幸福の獲得に不可欠である。それは確かに預言者たちの目的である。それゆえカリフ（イマーム）擁立の義務は、それを無しで済ませることができない聖法の不可欠事項の一つなのである。」

このようにスンナ派神学は、歴史的な正統カリフの正当性を論じるだけではなく、カリフの擁立が義務であることを立証するようになった。宗教の実践には治安の維持が必要条件であり、治安の維持には人々を服従させる権威を有する権力者が必要である、というのがその理路である。

4 古典カリフ論の定礎

スンナ派四法学祖たちは、その法学書においてカリフについて主題的に論じていない。カリフの職務規定について法学化に先鞭をつけたのは、アブー・ハニーファの二大高弟アブー・ユースフ〔七九八年没〕とシャイバーニー〔八〇五年没〕の『地租の書（*Kitāb al-Kharāj*）』、『戦時国際法大全（*Kitāb as-Siyar al-Kabīr*）』であった。しかしこれらの法学書はまだ、カリフ位がいかにして成立するか、を論じていない。つまり「カリフ」概念はこれらの書では、前反省的に自明のものとされており、法学的に厳密な定義を要するとは考えられていない、という意味でまだ完全な意味では法的概念とはなっていない。

法的に「カリフ」概念を包括的かつ厳密に規定しようとした現存する最古の作品は、シャーフィイー派のマーワルディー〔一〇五八年没〕及びハンバリー派のアブー・ヤァラー〔一〇六六年没〕の同名の書『統治の諸規則（*al-Aḥkām as-Sulṭānīyah*）』である。マーワルディーの『統治の諸規則』は邦訳で七〇〇頁弱の大著であり、文字通りスンナ派カリフ論の基礎を置いた金字塔である。マーワルディーは、彼のカリフ観を『統治の諸規則』の序文で、以下のように述べている。

「アッラーは、ウンマ（ムスリム共同体）に指導者を任じ、彼に預言者の職務を継がせ、彼によってミッラ（イスラームの宗旨）を守り給う。そして啓示されたイスラームの教えが世に実現され、議論が一つの従われるべき決断に収斂するため、アッラーは彼に政治を委ねたのである。それゆえカリフ位は、それによってミッラの諸原則が定まりウンマの利害が調整される基礎であり、公的事柄はカリフ位によって確定され、各種の職務（wilāyah）はカリフ位から発する（ṣadarat）のである。」

アブー・ヤァラーは彼のカリフ観を明言していないが、両書はほぼ同一の構成を取り、それによると、カリフを立てることは啓示によって義務付けられており、その義務の形態としては集団的義務である。即ちカリフ位が空位となるとウンマの中からカリフ選挙人及び、カリフ有資格者（ahl al-imāmah）という二集団が選別されねばならないことになる。

ついでマーワルディーとアブー・ヤァラーはカリフ選挙人とカリフ有資格者のそれぞれの資格を規定する。選挙人の条件としては両者は共に、⑴公正、⑵カリフの満たすべき諸資格についての知識、⑶カリフに相応しい候補者の腹案を持つことの三つをあげる。

カリフ候補者の条件はマーワルディーにおいては七つで、⑴公正さ、⑵イスラームの知識、⑶聴覚、視覚、発話能力の健全、⑷運動能力、身体的健康、⑸政治的見識、⑹武勇、⑺クライシュ族の出自、である。

他方、アブー・ヤァラーは、⑴クライシュ族の出自、⑵裁判官となりうる資格を持つこと、即ち自由、成人、正気、イスラーム的知識、公正さを兼ね備えること、⑶戦争、政治、ハッド刑（クルアーンとスンナに現世での罰が明記されている法定刑）を私情を交えず執り行なうこと、ウンマの防衛に剛毅であること、⑷イスラーム的知識、宗教心（dīn）においてウンマの中で最も卓越した者の一人であることの四つを数える。

両者によると、カリフ位は「解き結ぶ者」による選挙か、前任のカリフによる後継指名のいずれかによって締結される。「解き結ぶ者」の選挙によるカリフ位の締結とは、より正確には「解き結ぶ者」

即ち選挙人が、カリフ有資格者の中から一人を選び、彼との間にバイア（忠誠誓約）を交すことによって成立する。「解き結ぶ者」の定足数については法学者間の見解の相違を挙げるだけで自らの判断を示さず、選挙人の同意を欠くカリフの後継指名の有効性については、カリフ位は締結され、選挙人団の同意は問題とならないとする。

マーワルディーとアブー・ヤァラーの『統治の諸規則』は題名だけではなく、内容もほとんど同じであるが、カリフ位の成立根拠に関して重大な違いがある。アブー・ヤァラーは、選挙人の定足数については「選挙でカリフ位が締結されるのは、『解き結ぶ者』の大半によるのでなければ締結されない。」とする。また彼は支配（qahr）と征服（ghalaba）によるカリフ位の締結を認めず、前任カリフによる後継指名についてもマーワルディーと異なり、前任カリフ逝去後の後継指名を受けたカリフとウンマとの「バイア」を区別し、「その指名自体（nafs al-ʿahd）によって指名を受けた者のカリフ位が締結されるのではなく、ムスリムたちによるバイアによってのみ締結されるのである。」と述べる。

つまり、マーワルディーとアブー・ヤァラーによって、カリフ位は、「解き結ぶ者」による選挙、前任カリフによる指名という推薦の段階を経て、ムスリムたちによるバイアによって正式に成立する、との理論が定礎されたのである。

5　カリフの職務

マーワルディーは、『統治の諸規則』の冒頭で、「公的事柄はカリフ位によって確定され、各種の職務はカリフ位から発する。」と述べる。つまり、マーワルディーのカリフ論においては、カリフは預言者の後継者としてその公的職務の全てを引き継ぐ。統治の諸規則は、全てこのカリフに集中した公的職務がその配下に委任される構造を有する。それは『統治の諸規則』の章立てからも明らかである。『統治の諸規則』の第一章は、カリフ（イマーム）制の締結であり、カリフ制の成立の要件が論じられる。理論上はカリフが公的職務の全てを引き受けるといっても、実際には、一人で公務の全てを捌《さば》くことは不可能である。それゆえカリフはその職務を委任することになる。『統治の諸規則』の第二章はカリフから委任されその職務を補佐する大臣（ワズィール）について論じられる。

第二章のワズィールから始め、『統治の諸規則』はカリフの職務がいかに誰に委任されるか、を論ずる構造を取る。第三章から第二〇章までの見出しは以下の通りである。

第 三 章　地方総督（アミール）の任命
第 四 章　ジハードの司令官の任命
第 五 章　公共の安寧のための戦争の司令官
第 六 章　司 法
第 七 章　不正の監督
第 八 章　預言者の子孫の管理制度
第 九 章　礼拝の導師（イマーム）の任務
第一〇章　巡礼の引率

第一一章　サダカ（法定喜捨）の管理
第一二章　ファイ（獲得品）とガニーマ（戦利品）の分配
第一三章　ジズヤ（人頭税）とハラージュ（地租）の課税
第一四章　地域によって異なる規則
第一五章　無主地の開墾と井戸掘削
第一六章　保留地と一時使用権
第一七章　受封の諸規則
第一八章　ディーワーン（官庁）の設置と使用
第一九章　犯罪についての諸規則
第二〇章　ヒスバ（勧善懲悪）の諸規則

本章では、古典イスラーム法学が定めるカリフの職務の詳細には踏み込まないが、ここでは、カリフの職務に教育や医療が含まれないことを確認しておこう。カリフの職務は、「近代国家」のものとは大きく異なるのである。

次いで現れたシャーフィイー派のイマーム・ハラマイン・ジュワイニー〔一〇八五年没〕著『諸共同体の救済（*Ghiyāth al-Umam*）』は基本的には『統治の諸規則』の跡をなぞりつつも、重要な改訂を加えている。ジュワイニーによると選挙人条件として確定しているのは、女性、奴隷、無学者、庇護民（異教徒 ahl adh-dhimma）でないことであり、バイアに必要な人数は確定することはできない。カリフ有資格者の条件としては、（A）身体的条件として、視聴覚、発話能力、（B）自然的条件として、(1) クライシュ族の出自、⑵男性、⑶自由、⑷理性、⑸成人、（C）後天的条件として、⑴イスラーム的知識、⑵敬虔、⑶重要事項における統率力、を挙げる。また彼はさらにそれらの条件は、⑴自立性（istiqlāl）と、⑵（クライシュ族の）出自にまとめられると言う。

またジュワイニーは、カリフ位の締結は、選挙によるとし、後継者の指名もその一つのバリエーションに数え、カリフが就任後、資格の一部を失った場合について論じ、カリフの本質的要件を「能力（kifāyah）」（シャリーアから見て正しい判断を施行する能力）に還元し、能力がある限り、そのカリフ位は正当であるとする。つまりジュワイニーはカリフ資格条件を、⑴自立性、⑵出自、の二つ、最終的には「能力」に、カリフ位締結形式を「選挙」に整理したのである。

6　カリフ制の法学への組み込み

しかしこうしたマーワルディー、アブー・ヤァラー、ジュワイニーらのカリフ位の法学化の試みは、即法学の構造の中に組み込まれたわけではない。なぜならイスラーム暦四世紀から六世紀の法学書は、シャーフィイー派のシーラーズィー〔一〇八三年没〕の『解説（*al-Tanbīh*）』を除き、カリフ資格条件、カリフ位締結形式をまだ論じていないからである。カリフ論が法学に組み込まれるにあたって重要なのはイスラーム暦七世紀のハンバリー派のイブン・クダーマ〔一二二三年没〕、シャーフィイー派のナワウィー〔一二七七年没〕である。

イブン・クダーマは、「叛徒討伐章」において、「内乱（baghy）」を、以下のように規定した。

「アブー・バクル（のカリフ位締結の場合）のようにムスリムのイジュマーゥ（合意）によってであれ、アブー・バクルによるウマルの指名のように、前任カリフの指名によってであれ、アブド・アル＝マリク・ブン・マルワーン（ウマイヤ朝五代カリフ）の場合のように、自分に従いカリフと呼ばせるまでに人々を支配することによってであれ、カリフ位が確立された（thubitat）全ての者について、背き戦うことは禁じられている。」

つまりイブン・クダーマは、内乱の概念規定をするため「カリフ」に定義を与えたのであるが、それは正当なカリフ位締結形式を、⑴イジュマーゥ（合意）、⑵後継指名、⑶支配、の三つの形式として規定することによってだったのである。そしてそれは、彼以降のハンバリー派法学者に継承され、ハンバリー派ではカリフ論は「叛徒討伐」章に組み込まれることになる。

またナワウィーは「叛徒」章の中に「カリフ条件」節を設け以下のように述べている。

「カリフの条件とはムジュタヒド（法源に遡り法判断を下す能力のある者）、勇士、及び見識、聴力、視力、発話能力の持主であることとである。またカリフ位は、先ずバイア（忠誠誓約）によって締結される。より正確には集まることの容易な学者、諸侯、有力者などの『解き結ぶ者』のバイアであり、『解き結ぶ者』の条件は、（裁判での）証人となりうる条件と同じなのである。また（前任の）カリフの後継指名によっても締結され、カリフがその問題を人々の協議に任せたなら、それは後継指名と同等なのであり、その者たちのいずれか一人に落ち着くことになるのである。また（前述の）諸条件を満たす者が、自ら覇権を握ることによっても締結される。もっともより正確には、その者が、邪悪な人間、イスラーム的教養に欠ける人間であっても、やはりカリフ位は締結されるのである。」

このようにイスラーム暦七世紀にはハンバリー派とシャーフィイー派の著名な法学書が、共に内乱規定のためのカリフの定義の要請から、前者においてはカリフ位締結形式、後者においては締結形式と資格条件を法学に組み込むことになった。マーワルディーとアブー・ヤァラーは覇者が実力によって実効支配を確立したことでカリフとなることを認めていなかった。ところがイブン・クダーマとナワウィー以降、イスラーム法においては覇者のカリフの支配の合法性が承認されるのである。

このころイスラーム法学は既に「注釈の時代」と呼ぶべき時代に入りつつあり、各学派とも、オリジナルな作品は減り、過去に編まれた「綱要」の逐語的注解（sharḥ）及び、その注解に付された脚注（ḥāshiyah）などの比率が高くなっていた。シャーフィイー派のナワウィー、ハンバリー派のイブン・クダーマの作品には多くの注解書、脚注が書かれたが、それらは先人の論を借りて敷衍《ふえん》し、そのまま継承しており、重要な変革、付加は存在しない。

但し、シャーフィイー派ではバイアに関して、ムハンマド・ラムリー〔一五九六年没〕、及びシャラワーニー〔一八八四年没〕が「解き結ぶ者以外の『民衆（ʿawāmm）』のバイアは考慮（ʿibrah）に値しない。」、スライマーン・ジャマル〔一七九〇年没〕が「人々のバイアでは十分ではない。」と述べ、一般民衆がカリフ選出に無縁であることを再確認している。

ハンバリー派ではイブン・クダーマでは三つであったカリフ位締結形式は、マルダーウィー〔一四八〇年没〕の『公正（*al-Inṣāf*）』ではイジュティハード（「解き結ぶ者」の一部によるイジュティハードによるカリフ最適格者選出）が加わり、さらにアブー・アル＝ナジャー〔一五六〇年没〕の『納得（*al-Iqnāʿ*）』は、「カリフ選出を前任カリフから委ねられた参議たちによる協議」を別に立てた。

したがってハンバリー派では、最終的にはカリフ位締結形式は、⑴イジュマーゥ、⑵後継指名、⑶征服、⑷イジュティハード、⑸勅選参議の協議の五つとなった。またはカリフ資格条件によって与えることになるが、『公正』に既に現れ、ハンバリー派でもカリフの定義は、カリフ位締結形式と、カリフ資格条件は最終的に、「就任に際し、クライシュ族の出身者、成人、正気、聴力、視力、発話能力の持主、奴隷でも解放予定奴隷でもない自由人、男性、公正者、イスラーム学者、見識者、有能者であることであり、またその限りにおいて。」となった。

マーリキー法学派がカリフ論を組み込むのに与えるところが大きかったと思われるのは、これも後に多くの注釈の対象となるハリール〔一三七四年没〕著『ハリール要約(*Mukhtaṣar Khalīl*)』であり、同書は以下のようにカリフ資格条件を挿入したのである。

「裁判官は、⑴公正な人間、⑵男性、⑶健常者、⑷ムジュタヒド、ムジュタヒドがみつからない場合にはムカッリド(法源から直接法判断を演繹する資格を欠き先達に倣《なら》う法学者)の中で最も秀《すぐ》れた者でなければならない。またカリフはそれに加えてクライシュ族の出身でなければならない。」

マーリキー派でも『ハリール要約』のマウワーク〔一四九二年没〕による注解は「内乱」章において、上述のカリフ資格条件に加え、「困難に対処する胆力と能力」を付加している。またバンナーニー〔一七八〇年没〕は『ハリール要約』の脚注において、「内乱」章の「カリフ」を注釈し、カリフ位は、⑴有資格者への前任のカリフの後継指名、⑵人民に対する支配(taghallub)、⑶「解き結ぶ者」による、(a)裁判官の資格条件の諸条件、(b)クライシュ族の出自、(c)困難、厄災に対処する危機管理能力の三つを備えた者へのバイアの三つの要件により確定されるとした。こうしてマーリキー派においてもカリフ位はカリフ資格条件とカリフ位締結形式により定義されることになるが、マウワークもカリフ規定が神学とハディース学の課題であると言っているように、マーリキー派では、カリフ論の法学化は遅れて始まる。また彼等の法学書には、後代になってもカイラワーニーの『論考（*al-Risālah*）』の諸注解のようにカリフ論を組み込まないものが多く、またそのカリフ論もシャーフィイー派に追随するのみで独自の展開は見られない。

ハナフィー法学派ではカリフ資格条件とカリフ位の締結形式が組み込まれるのは遅く、八／九世紀のナサフィー〔一三一〇年没〕の『宝庫（*al-Kunz*）』にはカリフ資格条件のみが現れるが、他学派と較べて独自性はない。しかしハナフィー派の特徴は、そのカリフ位締結に関する考え方にある。ハラビー〔一五四九年没〕の『海の出会うところ（*Multaqā al-abḥur*）』には資格条件もカリフ位締結形式も記されていないが、一〇／一一世紀のタマルターシー〔一五九六年没〕による注解、及びダーマード・エフェンディ〔一六六七年没〕による注解は、「叛徒」章でカリフ位締結について以下のように論じ、カリフ位確立形式によって「真のカリフ」を定義している。

「カリフがカリフになるのは、⑴貴人、有力者とのバイア契約締結と、⑵その支配力、威力を恐れさせて臣下たちに彼の命令（ḥukm）を貫徹することによって、である。それゆえ、もし人々がバイアをしても、彼の力が弱く支配を貫徹できないなら、彼はカリフとはならないのである。またもし彼がバイア契約締結により統治者になり、その後不正な政治を行なっても、彼に支配力、勢力がある限り、廃位されることはない。」

さらにイブン・アービディーン〔一八三六年没〕による『海の出会うところ』の脚注は、タマルターシー注解の「彼の支配の貫徹することによって」の句を、「バイア契約の締結の存在に加え、命令の貫徹が条件付けられているのであり、また明らかに、後継指名の場合も同様なのである。いや、バイア契約や後継指名などなくとも、覇権、命令の貫徹、支配によって彼はカリフになるのである。」と注釈している。

つまりハナフィー派も「叛徒」章にカリフ位締結形式を組み込んだが、その内容は他学派と本質的に異なっている。他学派では、「支配」は「選挙」、あるいは「バイア」や「後継指名」などと並ぶ形式の一つとして択一的にとらえられているのに対して、ハナフィー派では、タマルターシーでも、「支配」は「バイア」と相補的なものであり、不可欠な要件として把握されており、さらにイブン・アービディーンでは「バイア」と「支配」を対比したうえで、「支配」こそカリフ位の本質であると結論しているのである。

スンナ派イスラーム学においてカリフが主題的に論じられるようになるのは、神学が先であり、法学的に論じられるようになるのは、マーワルディーの『統治の諸規則』を嚆矢《こうし》とする。マーワルディーのカリフ論は、スンナ派法学に組み込まれていったが、実は、カリフに関する諸規定を包括する独立の章は、シャーフィイー派のユースフ・アルダビーリー（一三七七年没）がその全四巻の大著『敬虔な者たちの行為の光（*al-Anwār li-Aʿmāl al-Abrār*）』の中にアラビア語で一五頁ほどの短い「カリフ（イマーム）職、大臣職、司令官職、叛徒討伐」章を設けているのを唯一の例外として存在しない。カリフ位は「内乱／叛徒討伐」章の中でカリフの資格条件とカリフ位成立の形式が論じられるだけであり、大臣や総督の任命などの規定は最後までイスラーム法学の構造に組み込まれなかったのである。

7　イブン・タイミーヤとシャリーアによる統治

スンナ派のカリフ論がマーワルディーによって定礎されたことは既に述べた。その著書『統治の諸規則』は、カリフをその枢軸として書かれている。イスラームの全ての職権はカリフのものであり、ウンマの全ての職権は本来的にカリフのものであり、カリフ以外の臣下は単にそれを委任されたに過ぎない。カリフこそがイスラームにおける統治、その権威と正当性の要なのである。ところがこのマーワルディーのパラダイムとは全く別のイスラーム統治論を構想したのが、現代のサラフィー主義の祖とも言われるイブン・タイミーヤ〔一三二八年没〕である。

イブン・タイミーヤは、政治について重要な論考を数多く残しているが、構造的に最も明瞭に示しているのが、『シャリーアによる統治（*al-Siyāsah al-Shar'īyah*）』である。『シャリーアによる統治』は、カリフ位から全ての職権が派生するとの構成を取りカリフ位の成立から説き起こす『統治の諸規則』とは全く異なり、カリフ（イマーム）についての議論から書き始めないだけではなく、そもそもカリフについて一切論じようとはしない。イブン・タイミーヤは『シャリーアによる統治』の冒頭で述べる。

「この書は小論ではあるが、その中には神意による政治と預言者の統治の全てが盛り込まれている。この二つは支配者と臣民たちの両者にとって不可欠であり、またアッラーが協力を命じ給うた『統治者たち（wulāt al-umūr）』が必要とするものなのである。このことについては、多くの経路によって伝えられた確かな内容のハディースにおいて神の使徒が言われたとおりである。即ち『アッラーは汝らが次の三つのことを守ることをお喜び給う。（第一に）アッラーを信仰し何ものをもアッラーの同類として拝まないこと。（第二に）アッラーの絆に皆でしっかりとすがり、分裂しないこと。（第三に）アッラーが汝らの統治を委任し給うた者に誠実に協力すること。』」

ここでは、同書の主題はカリフではなく、カリフと臣民と両者の間に立つ有力者たちが等しく必要とするものであることが明言されている。イブン・タイミーヤはそれを「神意による政治と預言者の統治の全て」と呼ぶが、彼によるとそれは「王侯たち（'umarā'）の節」と呼ばれる以下のクルアーンの節に基づく。

「預かりものは正当な主に引き渡すように、また人々を裁くときは公正に裁くようにアッラーはおまえたちに命じ給う。アッラーがおまえたちに与え給う訓戒はまことによきかな。アッラーはあまねく聞きよく見そなわし給う。信ずる人々よ、アッラーの言いつけをよく守れ。またこの使徒、ならびにおまえたちの中で権威ある人の言いつけを守れ。おまえたちが何かのことで相争う場合、もしおまえたちがアッラーと終末の日とを信じているのであれば、アッラーとこの使徒のもとにもちこめ。これがもっともよいことであり、もっともよい決着である。」（四章五八―五九節）

イブン・タイミーヤによると第一の節は「統治者たち」について啓示されたものであり、第二の節は軍人など配下の者たちについて下されたものである。イブン・タイミーヤによると、人民は権威を行使する者たちに、彼らがアッラーに背くことを命じたのでない限りは従わなければならないが、彼らがアッラーに背くことを命じたなら、創造主への反抗において、被造物（に過ぎない統治者）に従ってはならず、彼らが命じることについては、アッラーの意志に適《かな》う命令にのみ従えばよい。

イブン・タイミーヤは、同書の冒頭で、単数のカリフではなく、複数の統治者について語り、しかも統治者たちの命令とアッラーの命令、つまり統治者とシャリーア（聖法）を二項対立的に対照した上で、シャリーアこそ従うべき対象であることを明らかにしたのである。

しかしイブン・タイミーヤは「内乱（baghy）」概念を批判した別の論考において、カリフ、あるいは統治者とシャリーアを二項対立的に捉え、従うべき対称としてのシャリーアの至高性をより際立たせている。既述のように、イスラーム法学においてカリフ論は「内乱／叛徒討伐」章の中で論じられるのが慣行となっていた。つまり、イスラーム法学にとってのカリフとはなによりも、従うべきはカリフであり、カリフに逆らうことが内乱罪の構成要件である、という形で論ずべきものなのである。それに対してイブン・タイミーヤは、イスラーム法学においていかにして内乱概念が成立したかを史的に分析し、真に従うべき対象はカリフではなくシャリーアであり、戦うべき、したがって真の罪は、カリフに反旗を翻した叛徒ではなく、シャリーアから外れた統治を行なう為政者に他ならない、との結論を導いた。

イブン・タイミーヤの時代には、スンナ派法学派では、ムスリム同士の戦いをハッド刑（法定刑）の一つに数え、「内乱」章、あるいは「叛徒討伐」章を設けることが一般化しつつあったが、イブン・タイミーヤによると、ムスリム同士の戦いについて、イスラーム学者は二派に分かれる。

第一の党派は、ムスリムを自称する者との戦いを全て「叛徒討伐」に分類するのであるが、この考えは、ハナフィー派、シャーフィイー派の法学者、及びそれに同調するハンバリー派の法学者などが、この考え方を採る。第二の党派は、ザカー（法定喜捨）納税拒否者、ハワーリジュ派との戦いと、預言者の弟子の教友たちの間の内戦であったスィッフィーンの戦い〔九五頁参照〕、ラクダの戦い〔九四頁参照〕では全く性質が違うと考える。初期イスラームの先達ら、マーリクやマディーナ学派、イブン・ハンバルなどハディースの学匠らが採るのがこの見解であり、スンナ派の「信条」にも述べられている。

イブン・タイミーヤは後者を支持し、法学者による誤った「内乱」概念の成立を以下のように分析する。

(1) ラクダの戦い、スィッフィーンの戦いでは、アリーと共に戦うことが義務であった、と信じる。

(2) それを元に、ある一団が可能なタアウィール（シャリーアの解釈）に基づきカリフ（イマーム）に反抗した場合、カリフ（イマーム）と共に戦うことを法原則とする。

(3) アブー・バクルの「法定喜捨納税拒否者との戦い」、アリーの「離反するハワーリジュ派との戦い」を、この原則にあてはめる。

(4) 王やカリフなどムスリムの諸事を司る者についても、自分の支持するものを正義の徒とし、彼に敵対する者を叛徒とみなす。

そしてその結果、アミーン（アッバース朝六代カリフ）とマームーン（同七代カリフ）の間の戦いのような王やカリフたちの間に往々生じるフィトナ（内戦）、即ち禁じられており、身を引く方がよい内戦と、背教のフルーリー派のハワーリジュ派やマズダク教徒のような偽信仰者との戦いのような、義務である戦いが区別されないことになるのである。

イブン・タイミーヤはこの問題について、ハンバリー派のヒラキー〔九四五年没〕には著作の「章立て」「配列」においてシャーフィイー派のムザニーの影響、ムザニー〔八七六年没〕にはハナフィー派のシャイバーニーの影響を見る。この「叛徒」概念の構成は、元来クーファの法学者とその追随者の一部の見解だったのが、シャーフィイーとその弟子たち、イブン・ハンバルの弟子の多くが、彼らにならい、「叛徒討伐」と「ハワーリジュ派との戦い」を同列に論じるようになった。「叛徒討伐」については、預言者からはカウサル・ブン・ハキームがナーフィウから伝えたハディースが一つ伝わるに過ぎないが、それも偽作である。六大ハディース集や、イブン・ハンバルやマーリクなどのハディース集には、背教者、ハワーリジュ派、内紛を引き起こす輩（ahl al-ahwā'）（ムウタズィラ派などの分派）についての言及はあっても、「叛徒討伐」章はない。なぜならクルアーンとスンナによって確定された原理とは、「シャリーアとスンナから逸脱する者との戦い」と「特定のイマームの服従を離れる者との戦い」を区別することだからである。そして前者の戦いは預言者が命じたものであるが、「特定のイマームの服従を離れる者との戦い」については、クルアーンにもスンナにもそのような命令はないのである。

イブン・タイミーヤによると、法学者たちは以下の三つの誤りを犯している。

第一に、スンナとシャリーアの遵守という点では、王も「叛徒」も同様か大差ないにもかかわらず、王への服従を離れた者の討伐を内乱罪として規定するという誤り。第二に、特定の王への「叛徒」と、イスラームのシャリーアの一部から逸脱する者を同一視するという誤り。第三に、イスラームのシャリーアの一部から逸脱する者と、矢が弓から飛び去るようにイスラームから離れ去るハワーリジュ派との戦いを混同するという誤りである。

そしてその結果、これらの法学者は王や諸侯の内紛にしばしば介入し、自分たちを「正義の徒」と称し、敵を「叛徒」と呼ぶことになるのである。そしてイブン・タイミーヤは同輩に対して自分たちを正義の徒、真理の徒と呼ぶこの態度が、イスラーム学者、神学者、スーフィー（神秘修道者）の導師たちの党派性と同根のものであることを見抜いているのである。

イブン・タイミーヤによると、法学者の「内乱」、あるいは「叛徒」の概念規定は、イスラーム初期に生じた元来性格の異なる戦いの混同の産物である。「内乱」概念は、クルアーン四九章九節に基づくといわれ、それは、「内乱」を法学的に最も綿密に規定しようとしたマーワルディーも明言しているとおりである。

「信徒たち二つの集団が争うなら、両者を和解させよ。しかし一方が他方に無法をはたらくなら、無法をはたらく側と戦え。アッラーの命令に服従するようになるまでであり、服従すれば、両者を正義に則り和解させ、公正に振る舞え。……」（クルアーン四九章九節）

しかし、この章句には、カリフ（イマーム）への言及は全くなく、カリフ（イマーム）への反抗を示唆するものも何もないことに注目しなければならない。イスラーム法学はこの章句を、アブー・バクルとアリーという正統カリフ＝正義のイマームの率いた戦いの解釈に投影することにより、「カリフ（イマーム）への反抗」として「内乱」を規定することになったのである。

しかし法定喜捨納税拒否者、ハワーリジュ派との戦いは、シャリーアの命ずるものであるが、ラクダの戦い、スィッフィーンの戦いは、権力闘争、フィトナ（内戦）であり、参戦するより参戦拒否こそ望ましいというのが、ハディースの遵奉者の立場であり、両者は根本的にその性格を異にする以上、アブー・バクルとアリーの戦いを一括して「叛徒」としたうえで、クルアーン四九章九節を適用し、「叛徒討伐」を規定することは許されないのである。

正統カリフの時代はアリーの暗殺をもって終わり、その後にはもはや正義のイマームはおらず、シャリーアに則った政治という観点から全面的な服従に値する支配者はもはやいない。ところが「カリフ（イマーム）への内乱」として「内乱」概念は、相争うムスリム同士を、カリフ（イマーム）に反抗する叛徒、「賊軍」と、カリフ（イマーム）と、彼を助け賊軍を打つ「官軍」として表象することになり、その結果、その戦いが本来身を引くべきフィトナ（内戦）であることを隠蔽することになるのである。

イブン・タイミーヤは預言者没後の初期イスラームに生じた戦いの忠実な法学的構成を批判するにとどまらず、「内乱」概念に変えて彼自身のアンチテーゼを呈示する。それが、「シャリーアからの逸脱の反抗」に対する戦いのみを論じ、「シャリーアの信条、行為規範の基本から逸脱する者」を討つべきことを等閑にする傾向を批判し、カリフ（イマーム）という人格への反抗ではなく、シャリーアからの逸脱こそムスリムが戦わねばならぬ対象であるとの理論である。

そしてムスリムが戦うべきなのはカリフ（イマーム）への反抗ではなく、シャリーアからの逸脱であるとのイブン・タイミーヤのこのテーゼこそ、一二イマーム派に改宗したタタール軍（イル・ハーン国）に対するジハードを説く有名なファトワーの基礎となる。シャリーアからの逸脱を戦うべき対象とするイブン・タイミーヤにしてはじめて、彼らとの戦いの義務を宣告することができる。なぜなら、シャリーアからの逸脱が戦うべき対象であるとすると、義務の礼拝、斎戒、巡礼、あるいは、ムスリムの血と財産の不可侵の原則、飲酒、姦通、賭事の禁止、近親との結婚の禁、あるいは不信仰者とのジハード、啓典の民へのジズヤ（人頭税）の賦課など、ムスリムなら誰一人として拒否することも無視することも許されない万人の認める明らかなシャリーアの諸規定の遵守を拒む、あるいはアッラーの美名や属性、定命の否定、あるいは正統カリフ時代の先例の否定、教友への中傷のようなクルアーン、スンナ、サラフ（先人）の教えに反するビドア（新奇な異端説）を広言する徒党は誰であれ、たとえ信仰告白をし、シャリーアの一部を実践していようとも、基本的なシャリーアの総体を奉じるようになるまで、戦わねばならないことになるからである。つまりタタールはムスリムを殺し、略奪し、捕虜とするばかりか、彼らのほとんどが、礼拝、法定喜捨、巡礼の義務も果たさず、ジンギス・ハーンを一種の神の子として崇め、イスラーム法ではなく、モンゴルの法（ヤサ）に従う以上、特定のイマームに反抗した、あるいは服従を拒んだ徒党ではなく、まさにイスラームそのものからの離反者とみなされ、したがって彼らとの戦いは当然の義務となるのである。

タタールの支配者が名目的にであれムスリムである以上、「カリフ（イマーム）への反抗」が「内乱」であるとの「内乱」概念を採ると、むしろ彼に反抗するものが「叛徒」となり討伐の対象になるという、全く逆の結論に達することになりかねないことを考えれば、イブン・タイミーヤによる「内乱」概念の再構成の重大性が明らかになるであろう。

イブン・タイミーヤは、イスラーム法学における「内乱」概念の成立を分析し、初期イスラームの戦争の法的構成に際しての、元来異なった性格を持つ三種の戦争の混同、同一視が「カリフ（イマーム）への反抗」という誤った「内乱」概念の基礎にあることを指摘し、「シャリーアからの逸脱」をそれに対置させた。そして彼の批判は、「カリフ（イマーム）への反抗」としての「内乱」論は、フィトナ（内戦）を煽《あお》るイデオロギーとなる危険があるうえに、シャリーアから逸脱する徒党と戦うことが義務であることを忘れさせる、という認識に基づいており、それは十字軍、タタールの侵攻に直面した彼の時代状況と密接に対応していたのである。

8　イブン・タイミーヤと万人参加政治

前節で明らかにした通り、イブン・タイミーヤは、イスラーム的統治において、カリフの支配からシャリーアの支配へのパラダイム転換を行なった。それに加えてイブン・タイミーヤの政治論で特筆すべきは、彼がスンナ派カリフ論を解体し、ウンマの万人参加型の政治理論を構想したことである。

イブン・タイミーヤの『シャリーアによる統治』は、マーワルディーの『統治の諸規則』と異なり、カリフに言及せず、カリフが委任すべき職権を列挙することもなく、第一章第一節で以下のように、ただいくつかの公職の例を挙げて、人事は適材適所であるべき、とだけ述べる。

「最適者の任用は義務であり、統治者は、各都市へ派遣する代官たち、支配権を代行する総督たち、裁判官たち、軍の司令官たち、大小の軍将校たち、財務を担当する大臣や書記たち、財務監督官たち、ハラージュ（地租）やサダカ（法定喜捨）やその他のムスリム全体の財産を管理する者たちなど、それぞれの職務に相応しい者を捜さねばならない。」

続いてイブン・タイミーヤは、為政者一般に妥当する理論として「支配者（wālī）とは人々に対して、牧者の羊の群れに対する関係に立つ」と述べ、以下の預言者のハディースを引用する。

「汝らは皆牧者である。そして、汝らは皆、汝らの羊たちに責任を負う。なぜなら人々の上に立つイマーム（カリフ）は牧者であり、彼の羊たち（人民）に責任を負うからである。そして妻は、彼女の夫の家の中で牧者であり、彼女はその羊たち（家族）に責任を負うのである。また子供は、彼の父の富の牧者であり、その羊の群れ（父の富）に責任を負う。そして奴隷は、その主人の富に対し牧者であり、彼は羊の群れ（主人の富）に責任を負う。汝らは皆牧者であり、汝らは皆その羊の群れに責任があるのではないか。」

イマーム（カリフ）と奴隷が牧者として等置されたハディースが選ばれた意味は明らかである。それはカリフの地位の相対化である。それは第一章第二節における以下のハディースの注釈と併せ読めばより明らかになる。

「三人の裁定者（カーディー）がいる。そのうち二人は地獄に落ち、一人だけが天国に入る。真実を知っているにもかかわらず、それに背く判決を下す者は地獄に落ちる。人々の間を無知によって裁く者も地獄に落ちる。真実を知り、かつそれに従って裁く者だけが天国に入る。」とのハディースをイブン・タイミーヤは「裁定者（カーディー）とは、上はカリフから、スルタン、副スルタン、知事、法により裁く職に就いている者とその代理人、下は子供の習字の（コンテストの）審判に至るまで、二人（以上）の人間の間を裁定する者全てを指す名称なのである。」と注釈する。ここでもカリフの名を挙げ、子供の習字のコンテストの審判と並べている。

イブン・タイミーヤは、そもそも公職と言うことさえできない子供の習字の審判を例に挙げて、カリフの地位を相対化しているのである。そして第一章第一節は以下の言葉で結ばれる。

「被造物（khalq）である人間は神の僕たちであり、統治者たちは神の僕たちに対する神の代理人（nūwāb）なのである。ただし彼はあくまでも僕同士の中での代行者（wakīl）に過ぎない。つまり同輩中（sharīk）の一人が他の同輩に対して代行者となったという意味なのである。それゆえ統治者には後見（wilāyah）と代行（wikālah）の属性があることになる。」

イブン・タイミーヤは、統治者たちには、人々に対して神の代理人として上に立つ側面があると同時に、人々から委任を承けた人々の代行者という側面があり、後者を強調して、統治者もまたあくまでも同輩の中の一人であることを指摘する。これはカリフが預言者の後継者としてその権威（wilāyah）の全てを継承し、カリフの委任により下位の全ての職権がカリフの職権から派生する、というマーワルディーのカリフ論の流出論的権威の構造と顕著な対照をなす。

イブン・タイミーヤは、上記の通りハディースとその注釈において、いかなる者であれ委任の履行や裁判においてアッラーの教えに忠実でなければならないとの被造物の平等を強調する文脈では、奴隷や子供の習字のコンテストの審判と並べてカリフの名を挙げながらも、カリフ（イマーム）の語を用いてその擁立義務を語ることはしない。しかし、カリフ擁立を語らずとも、ムスリムが単一の元首を持つべきことを彼が否定しているわけではない。スンナ派法学がスンナ派神学のカリフ論を承けて、正統カリフによる預言者の後継の事績からカリフ擁立の義務を論証するのに対して、イブン・タイミーヤはイスラーム法学史上、ウンマ（ムスリム共同体）の元首の擁立について全く新しい議論を展開するのである。

イブン・タイミーヤによると、統治なしには宗教も現世も立ち行かないため、統治（wilāyah amr al-muslimīn）は宗教的義務の中で最重要である。そして人間は協業なしには福利を実現することができないが、協業には一人の頭が必要である。「人間は集合（ijtimāʿ）するために一人の頭（raʾs）を必要とする」、と述べた後、イブン・タイミーヤはハディースを引いて、以下のように論ずる。

「預言者は言われた。『三人が旅をするなら自分たちのうちの一人を指導者に選びなさい。』（アブー・ダーウード）。また預言者は言われた。『砂漠にいる三人であれ、自分たちのうちの一人を指導者に選ばずにいることは許されない。』（イブン・ハンバル）。こうして預言者は砂漠で一時的に結成された少数の集団にさえ、そのうちの一人を指導者に任命することを義務づけられたが、それによって、より多人数で永続的な他の全ての種類の集団に指導者を選ぶことを義務づけられたのである。」

イブン・タイミーヤはムスリムたちに対して絶対的な権威を有したアッラーの使徒、預言者の後継者としてのカリフの地位を相対化するために、あえて『シャリーアによる統治』においては、アブー・バクルによる預言者の後継、その後のウマル、ウスマーン、アリーの正統カリフのカリフ位就任を範としたカリフ擁立義務の論証、謂《い》わば「上からの」論証を捨てた。そして一時的に組織された最小の集団でさえ一人の指導者を立てることが、ハディースにより義務づけられるとの「下からの」論証で、それらの集団の積み重ねの全体社会であるウンマ（イスラーム共同体）にも一人の元首の選任が義務付けられることを、「預言者はウンマに、自分たちの上に指導者を選ぶことを命じた。」と述べることで示したのである。

イブン・タイミーヤによるカリフの相対化は、その職務についても一貫している。彼は言う。「万人は力に応じて義務を負う。力とは、権力と権威（wilāyah）であり、権力の持ち主は他の者より力がある。そして、彼は他人にない義務を負う。なぜなら、義務が負荷される対象は力だからである。」つまり、ムスリムは皆、それぞれ異なる力を有し、その力に応じて義務を負うことになるのであり、カリフはウンマの中で最も大きな力を有するので、その力に応じて最も大きな義務、重い責任を負うことになる。「人々の統治（wilāyah amr al-nās）は最大の宗教的義務なのである。」つまり最も力がある者が負うべきイスラームの義務が人々の統治であり、中でも最大のものがカリフの職務なのである。

マーワルディーの理論においてはカリフが全ての権力の源泉であり、他のムスリムたちも全てカリフから委任されることで初めてその権力を得るに過ぎないのに対し、イブン・タイミーヤによると、カリフはウンマ（ムスリム共同体）の中で最も大きな権力を有する者であっても権力の源泉ではなく、誰もがそれぞれ固有の権力を有し、その権力に応じて義務を負う。イブン・タイミーヤによると、ムスリムは皆イジュティハード（クルアーンとハディースに照らして自分が何を行なうべきかを問う努力）をしなくてはならず、政治権力を有する者は誰でも、その権力を神に仕えるためにいかに用いるべきか、イジュティハードをしなければならない。『シャリーアによる統治』の結びにおいて彼は述べる。

「全ての者は、至高のアッラーを望み、またアッラーの許にあるものを求め、クルアーンとハディースを重んじ、アッラーのお助けを求めつつ、イジュティハード（独自裁量）を行なわねばならない。そうすれば、現世は宗教に仕えることになる。」

政治とは、預言者の権能を継承したカリフがそれを人々に委任し割り振って処理することではなく、全てのムスリムがクルアーンとハディースを指針としてそれぞれの場で自分の力に応じて神に仕える万人参加の協業の場なのである。

そしてカリフの力は時と場所、状況によって違い、それに応じて義務、責任も異なる。それゆえイブン・タイミーヤの『シャリーアによる統治』はマーワルディーの『統治の諸規則』と違ってカリフの職務を網羅的に規定しようとはせず、カリフが従うべきシャリーアの一般原則を示すことで満足する。言い換えれば、マーワルディーの『統治の諸規則』が、具体的にカリフ制の「国家機構」を定めようとする試みであったのに対し、イブン・タイミーヤの『シャリーアによる統治』は、統治制度論を切り捨ててシャリーアによる「法の支配」の在り様を示すのみなのである。

彼は、その『イスラームの綱紀監督（*al-Ḥisbah fī al-Islām*）』において言う。「イスラームの諸権威（wilāyāt）の全ての目的は善の命令と悪の禁止である。それはスルタンの代理である戦争の大きな権威であれ、警察権や、司法権、それから財務諸官庁のような財務権、綱紀監督の権威のような小さな権威であれ、同じである。」彼の弟子のイブン・カイイム〔一三五〇年没〕はこれを以下のように敷衍《ふえん》する。「諸権威は、その一般職も、特別職も、特定の権威を担う者が何をするかも、名称や状況や慣行から決められるのであり、それについて聖法には、定めはないのである。」

シャリーアには特定の政治制度の規定はなく、それゆえどのような「政体」にも適用可能な、時代を超えた汎通性を有しているのである。

9　イブン・タイミーヤと使徒の後継者としてのウンマ

「宗教の総体、諸権威の全てが命令と禁止であるなら、アッラーがそのために彼の預言者を遣わされた命令とは善の命令であり、アッラーがそのために彼の預言者を遣わされた禁止とは悪の禁止である。そしてそれ（善の命令と悪の禁止）は預言者とムスリムたちの属性なのである。」

「アッラーは善の命令と悪の禁止を義務づけたが、それは力と権威がなければ完成しない。」イブン・タイミーヤが言う通り、善の命令と悪の禁止は、力の相関概念であり、それゆえイスラーム的権威とは、善の命令と悪の禁止のために存在し、それは預言者ムハンマドとムスリムたちが共に担うべきものである。

イブン・タイミーヤは、イスラームにおける全ての権威の目的を「善の命令と悪の禁止」に還元したが、彼はまたクルアーンがウンマと預言者ムハンマドの双方を「善の命令と悪の禁止」によって描写していることを指摘する。

『汝ら（ムスリム）は、人間に現れた最上のウンマである。汝らは、善を命じ、悪を禁じ、アッラーを信ずる。』（第三章一一〇節）。つまり彼ら（ムスリム）が全ての良いことを命じ、全ての悪いことを禁ずる、と述べているのであり、それは、彼らの預言者について、アッラーの言葉の中で『彼は、彼らが目の前で、トーラーと福音書の中に書かれているのを見出す者であり、彼らに善を命じ、悪を禁ずる。』（第七章一五七節）と述べられているのと同じである。」

既述の通り、預言者ムハンマドの後継者がアブー・バクルであるかアリーであるかについては、スンナ派とシーア派の間で意見が分かれる。アリーはムハンマドと同じく無謬であり、預言者の口を通じてアッラーから指名された後継者であるとの一種の王権神授説を採るシーア派に対して、スンナ派はムハンマドは後継者を指名せず、彼の高弟たちが、可謬な同輩の一人として自分たちの手でアブー・バクルを後継者に選んだ、と考える。

イブン・タイミーヤはシーア派のイマーム（カリフ）論を批判した大著『スンナの道（*Minhāj al-*

Sunnah)』の中で、スンナ派の通説に反し、ムハンマドはアリーではなくアブー・バクルを後継者に指名していたとする。イブン・タイミーヤは、アリーが預言者の後継者（イマーム）に指名されたことを否定すると同時に、彼の無謬性をも否定して言う。

『預言者の死によって啓示が絶えると、アッラーの書（クルアーン）とスンナ（預言者の言行録）は最後の審判の日までに起きる個別の事件の判断を解明するには足りないため、イマームが聖法（シャルウ）の護持者でなければならない。それゆえ故意にであれ過失によってであれ判断の一部に見逃しや行き過ぎが生じないように、過誤や失敗から無謬なイマームが必要であり、アリー以外にはそのような者がいないことには合意がある。』とシーア派は言う。いくつかの答えがあるが、第一に、われわれは（イマームが）聖法（シャルウ）の護持者でなければならないとは認めていない。そうではなくウンマ（ムスリム共同体）こそが聖法の護持者でなければならないのである。」

イブン・タイミーヤはシーア派のイマームの無謬論を否定し、預言者の無謬性を継承したのはウンマであると言う。

「われわれ以前の過去の諸共同体（ウンマ）の者たちは、彼らの宗教を歪曲した場合、アッラーは真実を明らかにする預言者を遣わされるのであるが、このウンマ（ムスリム共同体）は、その預言者（ムハンマド）の後にはもう預言者はいないために、その無謬性が預言者性の替わりとなるのである。」

「ウンマ（ムスリム共同体）のイジュマーゥ（合意）に限りイジュマーゥは真実であるということを述べることにある。なぜなら、ウンマは誤りの上に一致しないからである。」とイブン・タイミーヤは述べているが、ウンマのイジュマーゥ（合意）の無謬性は、通常はイスラーム法源論で論じられる定

説である

イブン・タイミーヤはシーア派のイマーム論を批判する中で、預言者の無謬性の継承におけるイマームの無謬性に替わってウンマの無謬性を取り上げて、それを政治的文脈に置き換えたのである。それによってイブン・タイミーヤは「アッラーは、ウンマ（ムスリム共同体）に指導者を任じ、彼に預言者の職務を継がせ、彼によってミッラ（イスラームの宗旨）を守り給う。そして啓示されたイスラームの教えが世に実現され、議論が一つの従われるべき決断に収斂するため、アッラーは彼に政治を委ねた。」「イマーム（カリフ位）は宗教の保護と現世の統治のために設立された。」と述べるマーワルディー的なスンナ派のカリフ（預言者の後継者）観さえも乗り越え、預言者の後継者としてウンマをカリフに対置する独自の政治論、ウンマ観を構想することができたのである。

10 クルトゥビーと神の代理人としてのカリフ

トルコ語やインドネシア語にも訳されており、現代のムスリム世界で最も普及しておりイスラーム諸法学派の学説を網羅した現代の最も浩瀚な法学書、元ダマスカス大学法学部長 Dr. ワフバ・ズハイリーの著『イスラーム法学とその典拠 (*al-Fiqh al-Islāmī wa-Adillatu-hu*)』も、カリフ擁立の第一の典拠をイジュマーゥ（合意）としている通り、スンナ派諸法学派の慣行では、カリフ位擁立の典拠はイジュマーゥ（合意）である。

ズハイリーは、古典イスラーム法学のカリフ擁立義務のシャリーアに基づく論証を分りやすい現代的文体で以下のようにまとめている。

「シャリーアに基づく論拠は、イジュマーゥである。教友（預言者の直弟子）と後続者（孫弟子）たちはカリフ制（imāmah）の義務に合意していた。というのは、教友たちは預言者の崩御の直後にその葬儀、弔いよりも前にサーイダ族の広間での集会へと急ぎ、（マッカから亡命した）移住者と（移住者を支えたマディーナの在地の）援助者の有力者たちがアブー・バクルとバイアを交わしたからである。それはアッラーの使徒が、彼が死の病の床にあった時に礼拝のイマーム（導師職）において彼（アブー・バクル）を選好したことから類推してのことであり、ムスリムたちも翌日モスクでその忠誠の誓いを追認したのである。それは彼らがイマーム、あるいはカリフが存在することが不可欠であることで合意していることを示しているのである。」（八巻、六一四七―六一四八頁）。

ところが、マーリキー派の大法学者クルトゥビー〔一二七二年没〕は、イスラーム学史上最大の法学的クルアーン注釈であるその著『クルアーンの法規定大全（*al-Jāmiʻ li-Aḥkām al-Qurʼān*）』の中で二章三〇節「われ（アッラー）は地にカリフを置いた」を注釈して述べている。

「イブン・マスウードとイブン・アッバースと全ての釈義者の説によると、ここでのカリフの意味はアーダムであり、彼はアッラーの諸規定の施行におけるアッラーのカリフ（代理人）なのである。」

クルトゥビーは、ここでの「カリフ」とはアーダムであり、その意味はアッラーに代わってその命令を実行する「アッラーの代理人（khalīfah Allāh）」である、と言う。ところが、同時に彼は、この句が「アッラーの使徒のカリフ（後継者）」の擁立義務の典拠ともなる、とも述べている。

「この句は、聞き従われ、その者によってカリフの諸規定が執行されるイマーム、カリフの擁立についての根拠であり、その（カリフ擁立の）義務についてはウンマの中にも学匠たちの間にも異論はない。アサッムだけが例外だが、それは彼がシャリーアからの逸脱者（アサッム）だったからである。……それはそれ（カリフ位）が、それによってムスリムたちが支えられる宗教の支柱の一つであることを示している。」

既述の通り、カリフは普通名詞であり、カリフの語は重層的な意味を持ちうる。クルトゥビーの注釈は、アラビア語の特性ゆえに、「アッラーの使徒のカリフ（後継者）」は、その「カリフ」の名の響きにより、アッラーに代わってその命令を地に行なう「アッラーのカリフ（代理人）」の含意をムスリムに思い起こさせることを示しているのである。

11 預言者の相続人としてのウラマーゥ

イスラームの初期「列伝」文学を研究したマイケル・クーパーソンによると、ヒジュラ暦二―三世紀（西暦八―九世紀）には、スンナ派のカリフ（アッバース朝）、シーア派のイマームと並んで、ウラマーゥ（イスラーム学者）とスーフィー（神智者）が預言者の正当な後継者としての権威をめぐって対立していた。

イスラームにおける権威を示す「支配者たちの節」「……信ずる者たちよ、アッラーに従い、使徒に従い、汝らのうちで権能を持つ者に従え。……」（第四章五九節）の「権能を持つ者」とは誰を指すかをめぐってイブン・タイミーヤは言う。「権能の主、権能の所有者である。そしてそれは人々を指導する者であり、その権能において、手と力の人と知と言葉の人が協力する。それ故、権能を持つ者とはウラマーゥ（イスラーム学者）とウマラーゥ（王侯）の二種類である。」

スンナ派の標準的注釈書『ナサフィー〔一三一〇年没〕注釈』を紐解くと、この句は「ウマラーゥ（王侯）、あるいはウラマーゥ（イスラーム学者）である。なぜならウラマーゥの命令はウマラーゥによって執行されるからである。」と解説されており、ウラマーゥがウマラーゥの上に立つとの理念が表明されている。

カリフとは預言者の後継者を意味するが、実は預言者の後継を示す別の有名なハディースが存在する。それはスンナ派とシーア派が共通に認めるハディース「ウラマーゥは預言者の相続人である。」である。このハディースはホメイニーの『法学者の後見（*Wilāyah Faqīh*）』にも引用され、イスラーム法学者がイラン・イスラーム共和国の最高指導者となることを正当化する典拠にもなった。前近代においては、アラブ最高の歴史家イブン・ハルドゥーン〔一四〇六年没〕がこのハディースを引いて、以下のように述べている。

『ウラマーゥは預言者の相続人である。』というムハンマドの言葉を理解するためには、次のことを知らねばならない。即ち今日や少し以前の法学者たちは、主として信仰のうえで守るべき行為やイスラーム教徒相互間の関係のあり方を決めるという点でシャリーアを代表する者たちであり、人々の行動の規範となる規則を定めるのが彼らの最大の目的で、彼らの資格は限られたものであって、ある一定の条件においての専門人にすぎない。他方、初期の宗教家や敬虔なイスラーム教徒は、あらゆる面でシャリーアを体現し、シャリーアそのものであり、シャリーアにもとづく道を熟知していた。シャリーアを伝達によらずに体現する人々は『相続人』と呼ぶことができる。たとえばそれはクシャイリーの『書翰』に記されているような人々であり、（学知と神智の）二つの知識を併せ持つ人こそがウラマーゥで、真の『相続人』である。即ち第二世代の法学者や最初期のイスラーム教徒、四法学者の祖師たち、および彼らを手本としてその足跡をたどった人たちである。」〔イブン・ハルドゥーン著、森本公誠訳『歴史序説』岩波書店、一部改訳〕

イブン・ハルドゥーンの理解によると、社会分化が進んだ一四世紀にあって「専門人」と化していたウラマーゥは既に預言者の相続人たる資格を失っていた。しかし彼はかつての法学祖たちは「預言者の相続人」と呼ばれるに相応しかったことを認めている。

ムウタズィラ派神学を公認したアッバース朝第七代カリフ・マームーンは、スンナ派の学者を弾圧し、政治的権威と宗教的権威をカリフの手に統合、預言者の権威の完全な継承者たる地位を目指した。このマームーンの弾圧に敢然として抵抗し、クルアーンとハディース、そしてそれに由来するウラマーゥの宗教的権威を守ったのが、ハンバリー派法学祖のイブン・ハンバル〔八五五年没〕であった。彼がスンナ派の信仰の擁護のために果たした役割を称え、彼の同時代人のハディース学者アリー・ブン・マディーニー〔八四九年没〕は、以下のように述べたと伝えられている。

「アッラーの使徒の後に、イブン・ハンバルほどにイスラームに尽した者はいない。初代カリフ・アブー・バクルでさえ彼に及ばない。なぜならアブー・バクルには彼を援助する者、同志がいたが、イブン・ハンバルには援助する者も同志もいなかったからである。アッラーは二人の男によって、イスラームに栄光を与え給うたが、最後の審判に至るまで、第三の男は出まい。その二人とは『背教戦争』

の日々のアブー・バクルと（カリフ）マンスールによる『異端審問』の弾圧の日々のイブン・ハンバルに他ならない。」

イブン・ハルドゥーンの言うところの「あらゆる面でシャリーアを体現し、シャリーアそのもの」であったようなイブン・ハンバルらの教父たち（サラフ）の努力によって、カリフによる「教権」奪取の野望は挫かれ、シャリーアの権威はウラマーゥの手に残されたのである。

その後の歴史の中で、ウラマーゥは、イブン・ハンバルに見られたような「預言者の相続人」に相応しい人格の統合性を失う。イスラーム教育機関、イスラーム法廷、モスクなどの制度化に伴ってウラマーゥは教師、裁判官、説教師などの専門人に堕していく。しかし、そのような制度化によって、ウラマーゥが、社会の中に確固たる地位を確立したのもまた事実であった。

制度化は、ウラマーゥが「官職カリスマ」となったことを意味しない。オスマン朝においても、制度的にウラマーゥ階層の頂点にあったシャイフ・アル＝イスラームは、理論上、カリフの改廃権を有していたのである。ウラマーゥの権威は、カリフ権から派生するものではなく、その他の制度上の地位から生ずるのでもなく、シャリーア自体の権威に由来する。具体的には、個々のウラマーゥの権威は、彼の師事したウラマーゥの系譜の終点に位置する預言者ムハンマドの権威に由来する。ウラマーゥの権威の源泉は、預言者ムハンマドを介して開示された聖なる「知」にあり、それを裏付けるものは、預言者に遡るパーソナルな「知」の相伝の学統なのである。

そしてこの学統は、カリフ帝国の制度的枠組みを遥かに超え、イスラーム世界中に張り巡らされたネットワークを構成したのであった。

12　イスラーム学界におけるカリフ論の現在

最後に、オスマン朝カリフ制消滅後の、イスラーム学界におけるカリフ制の言説について述べておこう。結論から先に述べると、カリフ制が現在空位であったにもかかわらず、イスラーム法学の中ではカリフの定義も擁立の義務も、古典法学におけるのと全く変らず論じられてきたのである。ここではイスラーム法学の現代の作品の中で最も権威があり、標準的な作品を二点だけ挙げておこう。

既述のワフバ・ズハイリー著『イスラーム法学とその典拠』もカリフを定義して「大イマーム職（イマーマ・ウズマー）、あるいはカリフ職、あるいは信徒たちの長（イマーラ）職は同じ意味であり、政府の最高権力という一つの役職を示している。」と述べている。

また一九六七年からクウェイトのイスラーム諸問題省が刊行し、サウディアラビアのイスラーム問題・寄進・宣教・善導省の公式ホームページに掲載されており、同大臣サーリフ・アール＝シャイフが監修する、したがって、現代イスラーム世界における「公式イスラーム」を代表するとも言うことができる作品『イスラーム法学百科事典（*al-Mawsūʿah al-Fiqhīyah*）』（三九巻）もまた、古典イスラーム法学のカリフの定義とその擁立義務を踏襲して以下のように述べている。

「専門用語としての『大イマーム職（イマーマ・クブラー）』とは、預言者の後継職としての現世と来世に関する総合的指導職であり、礼拝の先導者（イマーム）職と区別するために『大イマーム職』と呼ばれる。関連語として、『カリフ職（ヒラーファ）』がある。『カリフ職』は、語義的には、『ある者の後に残る』、あるいは『ある者の代わりを務める』という意味の動詞 khalafa の動名詞であり、別の者の後に残る、あるいは代わりを務める者は皆、カリフと呼ばれるのである。それゆえシャリーアの諸規定の実施と現世と来世の諸事におけるムスリムの指導においてアッラーの使徒の代わりをする者はカリフと呼ばれ、その職位はヒラーファ、あるいはイマーマと呼ばれるのである。それゆえシャリーア学の専門用語では、それはイマーマと同義である。……

イマーム（カリフ）位の締結の義務、そしてウンマ（ムスリム共同体）が、自分たちの間にアッラーの諸法規を施行し、アッラーの使徒がもたらしたシャリーアの諸法規に基づいて自分たちを治める正義のイマームに従う義務があることで、ウンマのイジュマーゥ（コンセンサス）が成立している。このイジュマーゥには、異論が考慮されるべき者の例外は存在しない。その論拠は預言者の教友たちとその後続者たちのイジュマーゥである。教友たちはアッラーの使徒逝去の報が届くや否や、最も大事であった使徒の葬儀と尊い遺体の埋葬を放置してまで、サーイダ族の広間での会合に急ぎ、教友たちのうちの長老たちがその会合に参加し、彼の後継の問題を議論したことが、確証されている。そして彼らは当初、バイアを交わすべき者が誰か、選ばれる者が満たすべき条件は何かについては意見が分かれていたとしても、ムスリムたちに一人のイマームを擁立すべき義務については異論はなく、『イマームは要らない』、とは誰一人決して言わなかった。アブー・バクルとバイア（忠誠誓約）を交わし、館にいなかった残りの教友たちも同意し、その慣行は（その後の）全ての世代にも存続したので、それはイマームの擁立義務のイジュマーゥになったのである。そしてこの義務はジハードなどのように（ウンマの）連帯義務であり、それに相応しい者がそれを果たせば（ウンマの）全体から義務が免じられるが、誰もそれを果たさなければ（全員が）罪に陥るのである。……」

このように『イスラーム法学百科事典』のカリフの定義と擁立義務の論証は、ほぼ古典イスラーム法の祖述であるが、上記のズハイリーはイマーム擁立を政府の樹立に読み替えた上で、カリフ論の標準的古典であるマーワルディーの『統治の諸規則』ではなく、イブン・タイミーヤの『シャリーアによる統治』を引用して以下のように述べている。

「国家を建てることは、理性が必然とみなし、現実が押しつけ、世事の性質が強制するものであるが、イマーム（カリフ）職の規定が許可であるのか義務であるのかに関して、先鋭でもなく重大でもない些細な相違が見受けられる。イブン・タイミーヤは（以下のように）述べている。

『人々の諸事の後見（ウィラーヤ）は宗教の義務の中でも最大のものであることを知らねばならない。それどころか、それ（人々の諸事の後見）なしは、宗教は成立しないのである。なぜならアーダムの子孫は人々が互いに必要としあうため、協働なくしてはその福利が達成されないからである。そして人々は協業において頭《かしら》が必要である。三人が旅に出るなら、そのうちの一人を指導者に立てよ、と預言者も仰《おお》せの通りなのである。』

そしてイスラームの学者たちの圧倒的多数、スンナ派、ムルジア派、シーア派、一部を除くムウタズィラ派、ナジュダート派を除くハワーリジュ派が、イマーム職は必要事項、あるいは決定的義務であると考えている。」

このように現代であっても、カリフ制再興は「過激な」一部の組織だけが唱えているわけではなく、イスラーム学界では誰も反対する者がない定説であり続けているのである。

3 カリフ制の歴史的変遷——王権とカリフ制の並存

1 正統カリフ時代と分派の誕生

預言者ムハンマドの晩年にはアラビア半島の住民の大半はイスラームに帰依していた。しかし彼が亡くなった時点では、預言者亡き後のイスラームの政体がどうあるべきかについて、新たにイスラームを受け容れた辺境の地は言うに及ばず、マディーナに居た古参の信者たちの間にすら、はっきりとしたビジョンは共有されていなかった。後にスンナ派がカリフ制として理論化する政体は、アブー・バクル、ウマル、ウスマーン、アリーの、いわゆる「正統カリフ」の事績から遡及的に再構成されたものである。

アブー・バクルは、預言者ムハンマドの死後に、多くの危機を乗り越えて、カリフ制の基礎を置いた。彼は先ず、預言者の死に際して、マディーナの在地の住民であった「援助者（アンサール）」がマッカから預言者に付き従って移住してきたクライシュ族の古参信徒「移住者（ムハージルーン）」から離反しようとしたのをウマルとともに引き留め、アッラーの使徒の後継者カリフとなることで、ウンマ（ムスリム共同体）の一体性を守った。次いで、彼のカリフ位就任に不満を抱いた預言者の従兄弟のアリーとその信奉者たちがバイアを拒んだのに対し、時間をかけてバイアを取り付け、ウンマの分裂を回避した。

マディーナでカリフ位を確立したアブー・バクルの次の仕事は、アラビア半島の再統一であった。既述のように、いわゆる背教（リッダ）戦争で、それまでマディーナの預言者に納めていた法定喜捨を引き続き彼にも送り続けることを拒否した遊牧諸部族を平定したが、実はアブー・バクルは、ヤマーマのムサイリマ、アサド族のトゥライハ、イエメンのアスワドら偽預言者、ムサイリマと結んだバハレーンの女偽預言者サジャーフとも戦わなければならなかった。

これらの背教戦争を勝ち抜くことでアブー・バクルは、預言者ムハンマド亡き後には、もはや預言者は現れてはならず、イスラームの教えは彼の後継者として彼の遺したクルアーンとスンナに基づきシャリーアを施行するカリフによって護持される、とのカリフ制の原則を確立し、アラビア半島を再統一したのである。

第二代カリフ・ウマル、第三代カリフ・ウスマーンの時代に、イスラームの支配はアラビア半島を越え、ペルシャ帝国を滅ぼし、東はイランの大部分とアフガニスタンの西半を、東ローマ帝国からシリアと北アフリカを奪い、広大な領域に及ぶことになった。

カリフ・ウスマーンの業績で特筆すべきはクルアーンの結集である。多くのクルアーン暗唱者たちが亡くなったことから、口承で伝えられたクルアーンに歪曲が生じることを恐れたウスマーンは、クルアーンを一冊の書物にまとめる結集を行なった。ウスマーンによるクルアーン結集は、最初の分派であるハワーリジュ派が現れる前に行なわれたため、イスラームはスンナ派、シーア派などの宗派のいかんにかかわらず唯一のクルアーンを持つことになるのである。

ところが第三代カリフ・ウスマーンは、叛徒によりマディーナの自宅を包囲された末、押し入られて殺害されてしまう。カリフ・ウスマーンの死を承けて、アリーがマディーナでバイアを受けて第四代カリフに就任したが、彼がウスマーンの殺害者を罰さなかったことから、預言者の高弟たちの多くがアリーのカリフ位を認めなかった。

中でも、その時マッカへの巡礼の途にあった預言者の未亡人アーイシャはアリーを許さず、預言者の高弟タルハ、ズバイルらの支持を取り付け、マッカでアリーに反旗を翻した。これがムスリム同士が始めて戦うことになった第一次内乱（フィトナ）であり、アーイシャがラクダに乗って戦ったことから「ラクダの戦い」とも呼ばれる。バスラで行なわれた戦いはアリーの勝利に終り、タルハ、ズバイルは殺害されたが、アーイシャは赦され、その後、預言者の未亡人として尊敬されて静かに余生を終えた。

アリーはラクダの戦いには勝利したが、ウスマーンの親族でもあったシリア総督ムアーウィヤもアリーのカリフ位を認めず、戦いとなった。アリーはラクダの戦いの後もイラクに残り、内戦はシリアとイラクの戦いの様相も呈することになった。なお、この後、マディーナは二度と首都「カリフの座」の地位に戻ることはなかった。

アリーとムアーウィヤは六五七年シリアのスィッフィーンの地で戦ったが、アリーがムアーウィヤの謀略により偽りの和議の交渉に引きずり込まれ、決着がつかないままに兵を引くことになった。スィッフィーンの戦いでの和議の交渉に応じたことでアリーの権威は大きく傷つき、アリー陣営から「裁定は神にのみ」とのスローガンを掲げる一団が離脱し、イスラームの最初の分派ハワーリジュ派となり、このハワーリジュ派が送った暗殺者の手によってアリーは殺害される。

アリーの治世は内戦と分裂によって特徴付けられる。中でもイスラーム史上初の分派ハワーリジュ派は、消滅はしたが、その問題提起は今もなお重要性を失っていない。ハワーリジュ派は早くに消滅し彼ら自身による体系的な神学書が遺されておらず、また意見を異にする多くの分派に別れていたようであり、その思想を正確に再構成することは難しいが、後世にまで影響を与えた重要な論点ということなら、「大罪を犯した者は不信仰に陥り死刑に処されるべきである。」との道徳的厳格主義と、「カリフには優れた資質が求められるがクライシュ族やアリー家などの血統は求められない。」との政治的能力主義にまとめることができるであろう。

一八世紀にオスマン朝カリフ時代に、アラビア半島中部でワッハーブ派が台頭した時、オスマン朝期最大の法学者イブン・アービディーンは、「アブド・アル＝ワッハーブの信奉者たちはナジドから現れ、二聖都（マッカ、マディーナ）を征服した。彼らはハンバリー学派に属すると称していたが、彼らは自分たちこそがムスリムであり、自分たちの信条に反する者は多神教徒であると信じ、それによりスンナ派の殺害、彼らの学者の殺害を合法化する。」と述べ、ワッハーブ派をハワーリジュ派と呼んでいる。ハワーリジュ派をめぐる議論は現代のカリフ制再興運動においても重要であるが、それについては後述する。

2　カリフ制から王権制へ

六六一年、アリーが暗殺されると、アリーの長男ハサンは、ムアーウィヤに自分のカリフ位を譲り、ウンマ（ムスリム共同体）は再統一された。後世のスンナ派の歴史家はハサンのカリフ位禅譲を称え、この年を「団結の年（'am jamā'ah）」と呼ぶ。ムアーウィヤは自分の後のカリフ位はハサンに戻す、あるいは、ムスリムの協議で決める、との条件でハサンからカリフ位を譲られたが、彼はその約束を反故にし、力ずくで自分の息子ヤズィードをカリフの後継者に指名した。

六八〇年にヤズィードがカリフ位に就くとハサンの弟フサインは反旗を翻したが、ヤズィードが派遣した討伐軍の前に衆寡敵せず、カルバラーゥの地で惨殺された。フサインの敗死後も、ムハンマドの高弟でラクダの戦いで殺されたズバイルを父に、初代正統カリフ・アブー・バクルの娘を母に持つイブン・ズバイルがマッカで、イラクのクーファではシーア派のムフタールがフサインの異母兄弟ムハンマド・ブン・ハナフィーヤを担いで叛乱を起こした。これらが第二次内乱と呼ばれる。ムフタールの乱はイブン・ズバイルによって討たれたが、イブン・ズバイルもまた六九二年、ウマイヤ朝第五代カリフ・アブド・アル＝マリクによって殺され、第二次内乱は終結し、ウマイヤ朝の支配が確立する。このアブド・アル＝マリクが第二次内乱を鎮圧しウンマを統一した事績は、イスラーム法学において覇権によるカリフ位の成立として正当化され、カリフ位成立の合法的手続きの一つに組み込まれることになる。

カリフ制は三〇年でその後には王制となる、とのハディースに言われる三〇年とは、アブー・バクル、ウマル、ウスマーン、アリーの四人の治世であり、この四人のカリフは「正統カリフ」と呼ばれ、それ以降の「王であるカリフ」と区別される。というのは、正統カリフは、いずれもクライシュ族の出身ではあったが、アブー・バクルはタイム家、ウマルはアディー家、ウスマーンはウマイヤ家、アリーはハーシム家の出身であり、特定の家門がカリフ位を世襲することはなく、カリフはウンマの有力者の選挙で選ばれたからである。

ところが、ムアーウィヤはこの正統カリフの慣行を破り、息子のヤズィードを力ずくで後継者にし、その後、マルワーン二世が七五〇年に殺害されるまで一四代に渡ってカリフ位はウマイヤ家に世襲されることになった。ウマイヤ朝がアッバース朝にとって代わられても、カリフの世襲自体は変わらず、ウマイヤ朝以降、カリフは世襲制となる。この世襲カリフ制をカリフ制と区別して王権制（mulk）と呼ぶ。

歴史家は、初期四代のカリフを「正統カリフ」と呼び、それ以降の世襲の王である単なる「カリフ」と区別し、呼び分けることもあるが、イスラーム法学者は、正統カリフも世襲の王であるカリフも、戦争で権力を握り覇者となったカリフも、支配の正当性を有するカリフとみなし、区別せず「イマーム」

と呼ぶ。

ともあれ、ムアーウィヤからヤズィードへのカリフ位の世襲によって、カリフ制は王権制（mulk）に変質を遂げたのである。

3　ウマイヤ朝（六六一―七五〇年）

ウマイヤ朝の創始者ムアーウィヤは、預言者ムハンマドに敵対したクライシュ族の多神教徒の領袖アブー・スフヤーンの息子であり、本人も預言者に長年にわたって敵対し、預言者の晩年にイスラームに入信した新参のムスリムであった。ウマイヤ家はマッカのクライシュ族の名門で、預言者ムハンマドが属したハーシム家よりも有力であった。第三代正統カリフのウスマーンもウマイヤ家の出身であったため、マディーナでウスマーンが叛徒に殺されその後を襲って第四代正統カリフに就任したハーシム家のアリーが、ウスマーンの殺害者を罰さなかったことから、ウスマーンの縁者のムアーウィヤがアリーのカリフ位を認めず、ウマイヤ家とハーシム家の争いとなった。

武力によりウンマの再統一を果たした覇者アブド・アル＝マリクは、カリフの権限を強め、アラビア語を公用語にし、ディーナール金貨、ディルハム銀貨を発行し、中央集権化を推し進めた。そしてそのアブド・アル＝マリクの貨幣にはアッラーの使徒のカリフ（後継者）ではなく、「アッラーのカリフ（代理人）」の称号が刻まれていた、と言われる。

東ローマ帝国の修道士、年代記作家テオファネスは、ムアーウィヤを王や皇帝ではなく主席評議員と呼んでおり、ウマイヤ朝にはなお「同輩の中の第一人者」との初代カリフ・アブー・バクルの自己規定の残響は感じられたとはいえ、ハディースがカリフ制（khilāfah）と区別して王権制（mulk）と呼んだように、ウマイヤ朝のカリフは正統カリフとは質的に違うものであった。

ウマイヤ朝のカリフたちを正統カリフから区別する最も分りやすい違いはその世襲制であるが、理論的により重要なのは、「アッラーのカリフ（代理人）」である、との自己規定である。アッラーの使徒のカリフ（後継者）」ではなく、「アッラーのカリフ（代理人）」を名乗り、ウマル、ウスマーン、アリーらは「信徒たちの長」と呼ばれることが多かったが、ウマイヤ朝カリフは「アッラーのカリフ（代理人）」を公称とした。ムアーウィヤは、「大地はアッラーに属し、私はアッラーのカリフ（代理人）である」と述べたと言われる。

プリンストン大学の歴史家パトリシア・クローンによると、代理人は単なる使者（使徒）よりも上であり、したがってアッラーの代理人であるカリフは、アッラーの単なる使者でしかない預言者ムハンマドよりも優れている、というのが、ウマイヤ朝のカリフ理解であった。

ウマイヤ朝のカリフは、「導きのカリフ」として、預言者以上の存在として振る舞った。またウマイヤ朝においては、預言者ムハンマドの言行録（ハディース）はまだ編纂が進んでおらず、ウマイヤ朝のカリフたちは、預言者の言行を顧みることなく、自ら立法者の如くに振る舞ったのである。

内乱に終始したアリーの治世で一旦止まっていた「イスラームの征服」は、ウマイヤ朝時代に再開され、東はブハラ、サマルカンドなどを征服し、トランスオキシアナ、中央アジアまで版図を広げた。西では東ローマ帝国領北アフリカを全て征服した後、さらにイベリア半島に進出し、西ゴート王国を滅ぼし、トゥール・ポワティエでフランク王国と戦ったが敗れ、ピレネー山脈を越えてヨーロッパを征服することはできなかった。また攻略はできなかったが、東ローマ帝国の首都コンスタンティノープルを包囲し、地中海の制海権を握ることになった。

ウマイヤ家のカリフは、アッラーの代理人として預言者ムハンマドの権威に対抗し、預言者の一族ハーシム家を抑圧した。そしてウマイヤ朝は、ハーシム家によるアッバース朝革命により倒され、アッバース朝において、カリフ制はさらに性格を変えることになる。

4　アッバース朝（七五〇―一二五八年）

ウマイヤ朝はアラブ人に税制面などで特権を与えたため、征服地のイスラーム化が進むにつれて、非アラブのイスラーム改宗者マワーリーなどの間で、ウマイヤ朝に対する社会不満が高まっていった。そうした社会不満を背景にウマイヤ朝を倒したのがアッバース朝革命であった。

アッバース朝革命とは、預言者の一族ハーシム家によるウマイヤ家からの奪権であったが、先ず預言者の一族について簡単に説明しておこう。

アラブは男系制であり、血統は男子を通して伝えられる。男子を遺さなかった預言者ムハンマド家は断絶している。娘ファーティマの子、ハサンとフサインをわが子と呼んだのは比喩であり、血統的にはムハンマド家は断絶しており、ムハンマドには兄弟がいなかったため、最も近い血族は祖父アブド・アル＝ムッタリブの息子でムハンマドには伯父に当たるアブー・ターリブとアッバースの子孫となる。

このアブー・ターリブの息子のアリーが預言者ムハンマドの娘ファーティマと結婚して生まれたのがハサンとフサインで、フサインの殉教後に、彼らの異母兄弟ムハンマド・ブン・ハナフィーヤがムフタールによってイマーム（教主）に担がれてウマイヤ朝に叛乱を起こしたが、彼の死後そのイマーム位が息子のアブー・ハーシムに受け継がれるとする一派が現れた（ハーシム派）。このアブー・ハーシムが七一六年に後継を残さずに死ぬ前に、イマーム位をアッバース家のムハンマドに譲ったと言われる。

こうしてアリー家（アブー・ターリブ家）とアッバース家が結びついたのである。ムハンマドの後を継いだ息子のイブラーヒームは腹心のアブー・ムスリムをホラーサーンに派遣し、アブー・ムスリムはホラーサーンで蜂起に成功し、イラクに攻め入った。イブラーヒームはウマイヤ朝第一四代カリフ・マルワーン二世によって殺害されたが、弟のアブー・アル＝アッバースが後を継ぎ七五〇年カリフに即位し、マルワーン二世を殺害し、ウマイヤ朝を滅ぼし、アッバース朝を樹立した。

アブー・アル＝アッバースはウマイヤ朝を倒すのにアリー家の徒党を利用したが、カリフ位についてからは、彼らを抑圧した。アッバース朝カリフもまた「アッラーのカリフ（代理人）」と号し、シーア派的な教主的権威たろうとした。特に第七代カリフ・マームーン（在位八一三―八三三年）は「導きのイマーム」として、スンナ派の学者たちを弾圧し、自らムウタズィラ派神学を「公定教義」に定め、シーア派の第八代イマーム・アリー・リダーを自らの後継者に指名し、政治的権威と宗教的権威を独占しようと試みた。

しかしムウタズィラ派神学の強制は、ハンバリー法学祖イブン・ハンバルの反対によって挫折し、アリー・リダーはマームーンとの旅の途上で急死し、アリー家の支持者からはリダー毒殺の嫌疑をかけられ、マームーンの試みは失敗に終わった。

アリー家の支持者の取り込みに失敗したアッバース朝は、最終的にシーア派主義と手を切り、一〇代カリフ・ムタワッキル（在位八四七―八六一年）が、ムウタズィラ派の公認を取り消し、スンナ派に回帰することで、スンナ派カリフ制となることが確定した。

アッバース朝はムタワッキル以降カリフの権力が衰え、地方政権が乱立するようになる。一〇世紀には北アフリカにファーティマ朝、イベリア半島に後ウマイヤ朝が成立し、三人のカリフが鼎立することになった。九四五年にはシーア派のブワイフ王朝がバグダードを占領し大アミール（アミール・アル＝ウマラーゥ）と称しイランとイラクを支配したが、一〇五五年にはトゥグルル・ベクがブワイフ王朝を倒しバグダードに入り、カリフからスルタンの称号を許された。これ以降、カリフの主権は形式的、法的なものとなり、政治的実権は、スルタンや大アミールに移ることになる。

セルジューク朝の第二代、第三代スルタンの大宰相ニザーム・アル＝ムルク〔一〇九二年没〕は、ファーティマ朝に対抗するために、スンナ派イスラーム学を保護奨励し、領内の各地にニザーミーヤと呼ばれる学校を寄進した。

このアッバース朝の成立期にあたる西暦八世紀後半からの一世紀はスンナ派四法学祖の生きた時代、つまり職業的専門人としてのウラマーゥ（イスラーム学者）という階層が成立する時代と重なっていた。そして一〇世紀頃から、スンナ派法学では「イジュティハード（旧説に囚われない独自判断）

の門は閉じられた」と言い慣わされるようになり、古典学説が出揃って固定化する。

イスラーム法体系が今日まで続く法的安定性を獲得したのがアッバース朝期であり、それは職業的専門人としてのウラマーゥ（イスラーム学者）階層が成立するのとパラレルな現象であった。アッバース朝カリフは「アッラーのカリフ（代理人）」として政治と宗教にまたがる権威を得ることに失敗し、その後大将軍、スルタンの登場に伴い政治的実権をも失うに及んで、「ウラマーゥは預言者の相続人である」と言われるウラマーゥが、クルアーンに次ぐイスラーム法の第二法源としての預言者のスンナ（言行）を知るがゆえにイスラーム法の解釈権を握り、カリフに代わって、預言者の後継者の権威を纏《まと》うことになったのである。既述のマーワルディー〔一〇五八年没〕の法学的カリフ制論『統治の諸規則』もアッバース朝カリフが政治的実権を失った時代に書かれたものである。

アッバース朝は、第三七代カリフ・ムスタアスィムが一二イマーム派の大臣イブン・アルカミーのフレグへの内通、裏切りによって、一二五八年にバグダードにモンゴル帝国のフレグ軍の侵入を許し殺されることで、滅亡する。

しかしムスタアスィムのおじムスタンスィル二世が、マムルーク朝のスルタン・バイバルからカイロに迎えられて、一二六一年にカリフに即位し、カリフ制はカイロ・アッバース朝として再興される。

5　バグダード・アッバース朝の実情

アラブの大歴史家マスウーディー〔九五六年没〕は当時のアッバース朝の版図について「カリフの治《しろ》し

めす地域は（東は中央アジアの）フェルガーナやホラーサーンの尽きるところから、（西は）マグリブのタンジャ（ジブラルタル海峡に臨んだ港町）まで三七〇〇ファルサフ（一ファルサフは約五・五キロ）、また北はバーブル・アブワーブ（カスピ海の西海岸）のデルベンドから（南はアラビア西海岸の）ジュッダまで六〇〇ファルサフである。」と述べている。

日本の天皇が政治的実権を将軍に奪われても、法制上は将軍の任命者であり続けたように、約五〇〇年続いたバグダードのアッバース朝においても、一〇世紀になると政治的実権はカリフから大将軍（アミール・ウマラーゥ）に移っていた。本節では前嶋信次著『イスラムの蔭に』に則り、アッバース朝カリフの実像の一端を伝えたい。

第一八代カリフ・ムクタディルが即位した時には一三歳の少年であり、二回にわたるクーデターでカリフ位を追われて復位したが、最後は大将軍ムーニスの叛乱により殺害された。ムーニスに担がれてカリフ位についた第一九代カリフ・カーヒルもクーデターを起こされ、真っ赤に焼いた針を目玉に突き刺して盲目にされて、カリフの条件である視力を奪われた。なお、このカーヒルの廃位後に、第二一代カリフ・ムッタキー、第二二代カリフ・ムスタクフィーも大将軍によって目を潰されてカリフ位を追われている。

九四五年にはシーア派のブワイフ族がバグダードに入り大将軍の地位を得ると、カリフの地位は地に落ちた。第二四代カリフ・ターイーの時代には大将軍アドゥド・アル＝ダウラが、金曜集合礼拝の説教の中でカリフの名と並べて自分の名前を唱えさせ、カリフにイラン出征から凱旋した自分を郊外まで出迎えさせるにまで至っていた。

しかし対外的にはカリフこそ権威ある元首であった。ファーティマ朝カリフのアズィーズの使節がバグダードに乗り込んできた時には、アドゥド・アル＝ダウラは玉座のカリフ・ターイーの前にひれ伏しいくども床に接吻し、「国王さま、あれにおわしますのは、誰びとでございましょうか。もしやともかしこきアッラーにていらせられるのではございませんでしょうか?」と尋ねる使節に、「あれこそ、畏れ多くも、この下界におけるアッラーのハリーファ（カリフ、代理者）さまにおわしまするぞ。」と教え、そして恐る恐る前に進み、その間にも、前後、七回にわたって平蜘蛛のごとくひれ伏して、床に接吻をくりかえした。なお、一一世紀に書かれたヒラール・サービー著『カリフ宮廷のしきたり』〔谷口淳一・清水和裕訳〕は、有力者がカリフの前に出る際に床に接吻することを、古い習慣にはなく、袖で覆った手に接吻するのがより適切である、と批判している。

政治的実権の有無にかかわらず、対外的にはカリフこそが権威を有したのであり、政治的実権を欠くカリフが権威を有したのは、カリフをカリフたらしめるもの、即ち、カリフ位のイスラーム法的合法性を有したからである。つまり、カリフの権威とはシャリーア、イスラーム法の権威なのであり、カリフの版図の広大さは、一人のカリフに体現されるシャリーア、イスラーム法の権威に他ならないのである。

一〇五五年、アッバース朝のカリフの招きでスンナ派のセルジューク族のトゥグルル・ベクがブワイフ朝を討ちバグダードに入場した。トゥグルル・ベクはカリフからスルタンの称号を授かり、以後、スルタンの名は貨幣に刻まれ、金曜集団礼拝の説教でその名が読み上げられるようになった。シーア派のブワイフ朝からスンナ派のセルジューク朝に変わっても、カリフに政治的実権が戻ることはなかった。しかしセルジューク朝においても、カリフの法的権威が揺らぐことはなかった。

6 後ウマイヤ朝（七五六―一〇三一年）

七五〇年にカリフ・マルワーン二世が殺され、ウマイヤ朝がアッバース朝によって滅ぼされた。アッバース朝の残党狩りは執拗を極めたが、生き残ったウマイヤ家の王族アブド・アル＝ラフマーン一世は北アフリカでベルベル人に保護され、ジブラルタル海峡を越えてイベリア半島に逃れ、七五六年にムサラの戦いに勝利してコルドバにウマイヤ朝を再興した（後ウマイヤ朝）。

アブド・アル＝ラフマーン一世は単に「アミール」を名乗っただけであったが、英主と称えられた第八代アミールのアブド・アル＝ラフマーン三世は、北アフリカを征服しイベリア半島に侵攻しようとしていたイスマーイール派のカリフを奉ずるファーティマ朝を撃退し、九二九年、カリフの別称「信徒たちの長」を名乗り、ここにアッバース朝、ファーティマ朝、後（コルドバ）ウマイヤ朝の三人のカリフが鼎立する状況が生まれた。

後（コルドバ）ウマイヤ朝はアッバース朝に匹敵するほどの文化の繁栄を謳歌した。学問好きで知られたアブド・アル＝ラフマーン三世の息子ハカム二世の宮中に集められていた蔵書は四〇万巻とも六〇万巻とも言われる。しかしハカム二世の後を継いだヒシャーム二世以下のカリフたちは凡庸であり、遂に一〇三一年に第九代カリフ・ヒシャーム三世が廃位され、彼の後にカリフ位を継ぐ者はおらず、後（コルドバ）ウマイヤ朝は滅亡した。

シーア派の第六代イマーム・ジャアファル・サーディクは長子イスマーイールをイマームに指名していたが、イスマーイールが先に亡くなったために、ムーサーを次のイマームに指名し直した。しかしムーサーがイマームであると認めず、イスマーイールを第七代イマームであるとし、盛んに教宣活動を繰り広げた者たちがいた。これがイスマーイール派、あるいは七イマーム派である。イスマーイールの子孫でイスマーイール派第一一代イマームであったウバイド・アッラー・マフディーが九一〇年にチュニジアのラッカーダでカリフ「信徒たちの長」であることを宣言して、ファーティマ朝を開いた。ウバイド・アッラーはチュニスの南に新都マフディーヤを建設してイスマーイール派カリフ制ファーティマ朝の支配を固めた。

イスマーイール派は当初よりアッバース朝カリフの正当性を認めず、攻略を目指していたが、九六九年第四代カリフのムイッズは将軍ジャウハル率いる遠征軍を派遣し、イフシード朝を滅ぼしエジプトを支配下に収め、エジプトに移住し、フスタートの北隣に新首都カイロを建設した。九七〇年にはカイロにアズハル大モスクが建てられ、九七八年にはモスクにイスマーイール派の教学機関となるアズハル学院が併設された。アズハル学院は世界最古の大学とも言われるが、後にスンナ派に転向し、現在に至るまでスンナ派イスラーム学において最も権威ある教学機関の一つに数えられている。

ファーティマ朝はムイッズとアズィーズの時代に全盛期を迎え、イフシード朝の領土であったエルサレムを含むシリア地方、マッカを含むアラビア半島西部のヒジャーズ地方、イエメン、北イラクのモスルをも支配した。

しかし、一〇世紀末からシリアではスンナ派による反ファーティマ朝運動が始まり、一一世紀にはシリア地方にセルジューク朝が興り、十字軍との戦いの中で、エルサレムをはじめとするシリア地方のほとんどがファーティマ朝の支配下から失われ、ヒジャーズの宗主権もセルジューク朝に奪われた。ファーティマ朝発祥の地チュニジアもファーティマ朝から独立を果たし、エジプト以西の領土が失われ、一二世紀にはファーティマ朝はもはやほとんどエジプトのみを支配するに過ぎなくなった。一二世紀の後半に入ると、カリフは宰相に実権を奪われ、一一六八年にはサラーフ・アル＝ディーンが宰相に就任し、スンナ派への体制移行を進め、一一七一年ファーティマ朝最後のカリフとなる第一四代カリフ・アディードが死ぬとサラーフ・アル＝ディーンはアッバース朝カリフの宗主権を承認する宣言を行ない、ファーティマ朝は滅亡し、サラーフ・アル＝ディーンによるスンナ派王朝アイユーブ朝が成立し、エジプトとシリアを支配することになる。

ここに、イベリア半島の後（コルドバ）ウマイヤ朝に続いて北アフリカのファーティマ朝も滅び、カリフ鼎立時代は終わり、カリフ位は再びアッバース朝だけに戻ったのである。

一〇九五年にファーティマ朝第八代カリフ・ムスタンスィルが死ぬと、後継者をめぐり争いが起り、その子ニザールをイマーム・カリフとみなす者がニザーリー派となって分裂した。彼らは指導者をイマームの代理（フッジャ）、イマーム、カーイム（救世主）などと呼んで、イランのアラムート城を本拠に独立国を作り、ファーティマ朝カリフ、アッバース朝と対立したが、一二五七年にモンゴル軍に第八代指導者ルクン・アル＝ディーンが殺され、ニザーリー派の国家は消滅する。
ニザーリー派はその後も残存するが、イマーム＝カリフの名の下に論ずるに値するものではない。なお現在のイスマーイール派のアガ・ハーンはニザーリー派の流れを汲む。

8　カイロ・アッバース朝（一二六一―一五一七年）

既述のようにアッバース朝は一二五八年にモンゴル帝国のフレグによって滅ぼされた。モンゴル軍の破竹の西進を止めたのは、バイバルスが一二六〇年にキト・ブカの率いるモンゴル軍をパレスチナで破ったアイン・ジャールートの戦いであった。アイン・ジャールートの戦いに勝利したバイバルスはマムルーク朝のスルタン・クトゥズを殺害し自らスルタンに即位し、一二六一年カイロに亡命してきたアッバース朝の最後のカリフ・ムスタアスィムのおじムスタンスィル二世を迎えてカリフに即位させた。カイロ・アッバース朝カリフ制は、当初より、エジプト・シリアの地方政権マムルーク朝の庇護の下にあり、政治的実権を欠くものであった。

イブン・タイミーヤの『シャリーアによる統治』が書かれたのも、カリフが政治的実権を失っていたこのカイロ・アッバース朝時代であった。

アッバース朝を滅ぼしたモンゴル軍がイランに開いたイル・ハーン国は、ガザンが第七代ハーンに即位するにあたってイスラームに改宗し、イスラームの皇帝（パードシャー）を名乗り、イスラーム化した。イル・ハーン国のイスラームは、ガザンがイブン・タイミーヤの論敵でもあったシーア派のイスラーム学者アッラーマ・ヒッリー〔一三二五年没〕の影響を受けたことにより、シーア派的なものであった。

マムルーク朝はシリアをめぐって東ローマ帝国と結んだイル・ハーン国と激しく争っていたが、シーア派イスラームに改宗したイル・ハーン国の「イスラーム性」を否定したのが、イブン・タイミーヤであった。

イル・ハーン国の支配地在住のムスリムから、イスラームに改宗したイル・ハーン国に服従すべきか否かを尋ねられたイブン・タイミーヤは、シャリーアに背く統治を行なう支配者とは、たとえムスリムを名乗っていようとも戦わねばならないとのファトワー（教義回答）を発した。

前章に述べたように、イブン・タイミーヤによると、イル・ハーン国のシーア派の為政者たちは、シャリーアの一部を行ないムスリムを名乗ってはいても、義務の礼拝、斎戒、巡礼、あるいは、ムスリムの血と財産の不可侵の原則、飲酒、姦通、賭事の禁止、近親との結婚の禁、あるいは不信仰者とのジハード、啓典の民へのジズヤ税の賦課など、ムスリムなら周知のシャリーアの諸規定の遵守を拒み、アッラーの神名や属性、定命を否定し、正統カリフ時代の先例を捨て、教友を中傷し、ムスリムを殺し、略奪し、捕虜にし、大半が、礼拝、浄財、巡礼の義務も果たさず、ジンギス・ハーンを一種の神の子として崇め、彼の法に従い、イスラームのためでなく彼のために戦っていたのであり、背教者とみなされ、ジハードの対象となるのである。

このカイロ・アッバース朝とシーア派化したイル・ハーン国との戦いの歴史は現在に至るまで記憶されており、現在の国際状況に投影され、スンナ派イスラーム主義の行動を規定しているのである。

マムルーク朝のスルタンはカイロにカリフを擁し、二大聖地マッカとマディーナに加えてエルサレムを支配下に置き、イスラーム世界の盟主となったが、一五一七年、オスマン朝のセリム一世によって滅ぼされ、カイロ・アッバース朝第一八代カリフ・ムタワッキル三世は、セリム一世に伴われイスタンブールに移るが、その後継者は選ばれず、彼の死をもってアッバース朝カリフは途絶えることになる。

9　オスマン朝（一二九九―一九二二年）

オスマン朝は一二九九年にルーム・セルジューク朝に仕える部族長であったオスマン・ベイによって建国されたが、第三代ムラト一世はバルカン半島に領土を広げ、カイロ・アッバース朝カリフからスルタンに任じられたと伝えられており、スルタンの名前で貨幣も発行した。

一四五三年にはメフメト二世がコンスタンティノープルを陥落させ東ローマ帝国を滅ぼしたが、一五一七年にはセリム二世がマムルーク朝を滅ぼし、スンナ派イスラーム世界の盟主となり、マムルーク朝の保護下にあったカイロ・アッバース朝のカリフからカリフ位を譲られたと言われ、これ以降のオスマン朝の国制をスルタン＝カリフ制とも呼ぶ。

このオスマン朝スルタン＝カリフ制は、「最も完成されたイスラーム国家」とも言われ、シャリーアを法として機能させるために、ウラマーゥ（イスラーム学者）を制度的にカーディー（裁判官）とムフティー（教義諮問官）に任用する官僚制度を発展させた。ウラマーゥ階層の頂点に立つ首都イスタンブールのムフティーはシャイフ・アル＝イスラームと呼ばれ、理論上カリフの改廃権をも有していた。

一六八三年に神聖ローマ帝国（ハプスブルク朝オーストリア）の首都ウィーンを包囲した（第二次ウィーン包囲）時点では、オスマン朝はまだヨーロッパにとって軍事・政治的脅威であった。しかしこの一六八三年から九九年にかけての神聖ローマ帝国との戦いの敗北後、ヨーロッパとの関係ははっきりと逆転する。オスマン朝は、一六九九年のカルロヴィッツ条約によってハンガリーの大部分、トランシルバニア、クロアチア等の神聖ローマ帝国への割譲を余儀なくされるが、それ以降、ロシアを含むヨーロッパ・キリスト教世界に対して守勢に立ち、徐々に領土を蚕食されていく。

イスタンブールのスルタン・アフメト・モスク（2014年9月11日撮影）

一九世紀になるとオスマン朝は、ヨーロッパ・キリスト教世界に対抗するために、西欧を模した近代化改革（タンズィマート）を行なったが、トルコ・ナショナリズムによってスルタン＝カリフ制の土台を切り崩されることとなり、一九〇八年に「青年トルコ人」（統一と進歩委員会）の革命によってアブデュルハミト二世が廃位され、スルタン＝カリフ制は事実上崩壊した。こうしてオスマン朝はナショナリストの手によって、第一次世界大戦に枢軸側に立って参戦を余儀なくされ、敗戦により、多宗教・多民族帝国であったオスマン朝は解体された。敗戦後の混乱の中で台頭したムスタファ・ケマルによって一九二二年、メフメト六世が廃位され、一九二三年にはスルタン（パーディシャー）職（政権）とカリフ職（教権）が分離された上でスルタン制が廃止され、共和制への移行が宣言され、一九二四年にはカリフ制も廃止され、オスマン朝は完全に滅亡した。

10 サファヴィー朝（一五〇一－一七三六年）

前近代においてスンナ派カリフ制のオスマン朝に正面から対峙したのは、イランのシーア派のサファヴィー朝であった。

サファヴィー朝は、サファヴィー・スーフィー教団を起源とするが、遊牧民軍団クズルバーシュの軍事力に支えられて政治勢力化し、一四九四年に教主となったイスマーイールは一五〇一年に白羊朝の首都タブリーズを攻略し、一二イマーム派信仰を宣言し、シャー・ハーン・シャー（王の中の王、皇帝）を名乗り、サファヴィー朝を樹立した。イスマーイールは自らに神性が宿ると信じ、アリーの化身、マフディー（救世主）であると主張した。しかしイスマーイールは一五一四年、チャルデラーンの戦いでオスマン朝軍に破れカリスマ性を失った。

イスマーイールはシリア、イラクなどから一二イマーム派のウラマーゥを招聘し、イランのシーア派化、教化に努め、彼以降の君主も彼に倣《なら》った。その結果、イランには多くの一二イマーム派のウラマーゥが移住し、コムやマシュハドなどは一二イマーム派教学の中心地となった。一二イマーム派の教義では、預言者のカリフ（後継者）は本来アリー以下の一二人のイマームだけであり、幽隠（ガイバ）の状態にある第一二大イマーム・ムハンマド・マフディーがウンマ（ムスリム共同体）の正当な統治者であって、地上の為政者たちは全てイマームの統治権の簒奪者にすぎない。

サファヴィー朝は、その創立者でスーフィー教団の教主でもあったカリスマ的指導者イスマーイールが神性を宿したイマーム・アリーの化身、マフディーとして君臨しようとして挫折して以降、君主は支配の宗教的正当性を失い、シーア派のウラマーゥが徐々にイマームの代理としての権威を獲得していったのである。

11　イバード派とザイド派

人口的には重要性はないが、独自のカリフ論を持つ二つの宗派についてもここで略述しておこう。イスラーム最古の分派がハワーリジュ派であることは、既に述べた。ハワーリジュ派は多くに分裂し、その大半は厳格主義が高じてウンマ（ムスリム共同体）とカリフ政権との武力闘争に走り自滅していったが、信仰隠し（タキーヤ）を認め生き残ったのが、アブド・アッラー・ブン・イバード〔七〇八年没〕を名祖とするイバード派であった。実際のイバード派の創始者は預言者の孫弟子でオマーン出身のジャービル・ブン・ザイド〔七一一年没〕である。

イバード派はアブー・バクル、ウマルのカリフ位は認めるが、ウスマーン、アリーについては、治世の前半は良かったが後半は堕落したとしてそのカリフ位を認めない。またカリフの条件として、アリー家の出自、クライシュ族の出自も認めず、そもそもウンマ全体の唯一の元首としてのカリフの必要自体を認めない。

歴史的にイバード派の地方政権はいくつか存在したが、イバード派の発祥の地オマーンには現在までイバード派の政権が存続している。但し現在のオマーンのサイード朝は、イバード派の教主イマーム・サイード・ブン・アフマドが政治権力スルタン位だけを息子のハマド・ブン・サイードに譲ったことで成立したスルタン制である。

一方、ザイド派とは、フサイン・ブン・アリーの孫ザイドを第五代イマームとみなすシーア派の分派である。ザイド派によると、アリーが預言者の後継者カリフ位に最も相応しかったが、アリーを差しおいてアブー・バクル、ウマル、ウスマーンをカリフに選んだ者も間違っただけで罪を犯したわけではないと考え、最適者でないカリフの支配の正当性を認める。

ザイド派の指導者はカリフを名乗るが、ハサンの系統のハーディー・イラー・アル＝ハック・ヤフヤー〔九一一年没〕が、八九三年にイエメンに樹立したのがラッスィー朝である。ラッスィー朝はイエメン・ムタワッキル王国（一九一八―一九六二年）として一九六二年のイエメン革命まで存続した。最後のカリフ・マハンマド・バドルは一九九六年に亡命先のロンドンで客死し、ここにイスラーム世界において最終的にカリフ制が消滅したのである。

二〇一四年に、イエメンの首都サナアを征服した「アッラーの擁護者」運動、別名「フースィ主義者」はザイド派のイマーム（カリフ）制の再興を目標としているとも、イランの支援を受けているとも言われるが、現時点では真相は不明である。

12 オスマン朝カリフ制滅亡に至るイスラーム世界の状況

オリエンタリストの通説では、オスマン朝がカリフを名乗り始めるのは一九世紀のアブデュルハミト二世の汎イスラーム主義以降だが、最近の研究では、オスマン朝はそれ以前からムガール帝国などのムスリム諸国によって、カリフとして承認され、保護を求められていたことが分かっている。

そこで本章の最後に、オスマン朝カリフ制が滅亡するに至るイスラーム世界の状況、即ち、ヨーロッパによる植民地化によるイスラーム世界の衰退の状況について概観しておこう。

北アフリカの植民地化は、一七九八年のナポレオンのエジプト占領に始まる。エジプトはナポレオンの撤収後、ムハンマド・アリー朝がイギリスとフランスの影響圏となったが、イギリスはウラービー革命を機に一八八二年にエジプトを植民地化した。フランスは一八三〇年にアルジェリアを占領し、チュニジア、モロッコを植民地化し、イタリアは一九一一年にリビア占領を開始した。また北アフリカの植民地化と平行して帝国主義列強によるアフリカ分割の中で、アフリカのムスリム国家、ムスリム社会も全て西欧の植民地支配を被ることになった。

カージャール朝イランは、二度にわたる戦争でロシアに敗れ、一八二八年のトルコマンチャーイ条約で、アルメニアのエレヴァン等アラス川以北の領土を失い、在留ロシア人に対する治外法権を認めさせられたが、これは欧米列強による不平等条約の嚆矢《こうし》となった。

ロシアは一五五二年にモスクワ大公国のイワン雷帝がカザン・ハーン国を滅ぼして以来、中央アジアの諸ハーン国を次々と支配下に収め、また一九世紀半ばにはカフカース地方への植民を進め、一八七七年にはダゲスタンの征服を完了した。

インドでは、一七〇七年にアウラングゼーブ帝が死ぬとムガール帝国は急速に求心力を失い地方政権が分立する状況になっていた。そのインドで東インド会社による貿易独占を手掛かりに覇権を握ったのはイギリスであった。イギリスは一七五七年のプラッシーの戦いの勝利によってフランスの勢力を駆逐し、ベンガル地方を植民地化していったのを手初めに、一七七五年から一八一八年にかけての三度のマラータ戦争、一八四五年から四九年のスィク戦争でパンジャーブを支配下に収め、一八五八年には実権を失い年金生活を送っていたムガール皇帝を廃位すると同時に東インド会社から統治権を剥奪し、女王の名においてイギリス政府が直接統治することになり、ここに名実ともにインド全土の植民地化が完成した。イギリスはロシアの南下を阻止するためアフガニスタンにも介入し、一九世紀末にはアフガニスタンを保護国化した。

東南アジアでは、一〇世紀以来イスラーム化が進行していたフィリピンが、一五七一年のマニラ占領以来スペインによって植民地化され、次いで一六〇〇年にイギリスが東インド会社を設立したのを期に、オランダ、フランス、デンマークが東インド会社を設立し、マレー半島、インドネシアの植民地化を進めていったが、最も重要であったのはオランダ東インド会社であった。一方、イギリスは一七九一年にペナン島を、一八二四年にマラッカとシンガポールを獲得した。

こうしてオスマン朝カリフ制が滅亡に向かう二〇世紀初頭には、イスラーム世界で名目的にであれ独立を保っているのは、オスマン朝を除けばイランのカージャール朝のみとなっていたのであり、そのトルコ、イランもまた財政破綻から、財政援助の名目で実質上西欧の保護国化され、西欧化を余儀なくされていたのである。

オスマン朝カリフ制はこうした状況下で滅亡したのである。

4 現代イスラーム運動――カリフ制再興への胎動

1　汎イスラーム主義の失敗

一九世紀末にはイスラーム世界の大半が植民地化され、科学的、文化的にだけではなく政治的にも西洋キリスト教世界の劣位にあり、なんらかの対応が必要なことは誰の目にも明らかになっていた。

イスラーム改革運動の先駆けとも言われ、オスマン朝の汎イスラーム主義政策にも影響を与えたジャマール・アル＝ディーン・アフガーニー（アサダーバーディー）〔一八九七年没〕は、反英煙草ボイコット運動を呼びかけるなどシーア派のカージャール朝の改革運動にも関与した上で、オスマン朝カリフ制の下に、シーア派もイスラーム教徒として団結する形のウンマ（ムスリム共同体）の連帯・団結を模索していた。

しかし弟子のエジプト人ムハンマド・アブドゥ〔一九〇五年没〕、シリア人ラシード・リダー〔一九三五年没〕のサラフィーヤ運動は、反シーア派のスンナ派正統復古主義になっていき、シーア派との連帯への契機は失われる。

以後、スンナ派のイスラーム運動とシーア派のイスラーム運動は、共闘ではなく、むしろ対抗・競合する形で展開することになった。その意味ではシーア派のイスラーム運動も間接的な形でスンナ派のカリフ制再興運動に影響を与えている、とも言える。

そこで本章では、カリフ制に焦点を絞り、カリフ制再興運動に影響を与える限りにおいてシーア派の動向にも目を配りつつ、イスラーム国の成立に至るスンナ派イスラーム主義の展開を素描しよう。

2　ヒラーファト運動

既述のように、青年トルコ人（統一と進歩委員会）革命によって実権を奪われ、第一次世界大戦の敗北で広大な領土を失い、カリフ制が崩壊の危機に陥ったことは、イスラーム世界に大きな衝撃を与えたが、トルコの外で最も顕著な動きを見せたのは、トルコと同じく住民の大半がハナフィー派に属する英領インドであった。一九一七年には全インド・ムスリム会議は、トルコのスルタンの俗権はカリフの教権と不可分であるので、トルコ分割はイスラームそのものに対する攻撃であると宣言した。

一九一七年に結成された「ヒラーファト運動（カリフ擁護運動）」は、宗主国イギリスに対して、第一次世界大戦の敗戦処理においてオスマン朝カリフ制の一体性を守るようにと働きかけるロビー活動を行なった。

ヒラーファト運動のイデオローグであったアブール・カラーム・アーザード〔一九五八年没〕はウルドゥー語で『イスラームのカリフ制』を著したが、それはアラビア語に訳され、一九二二年にはラシード・リダーが編集する雑誌『マナール』に掲載された。アーザードによるとカリフ制とは、宗教的指導権、総合的統治権、地上における最高権威であり、その目的は、神聖な正義の旗を掲げ、不正、抑圧、過誤を取り除くウンマ（共同体）を実現することである。

アーザードによるとカリフは、善を命じ悪を禁じ、法を執行する強制を持たねばならないために、精神的権威に過ぎないカトリック教会の教皇とは異なる一方で、シャリーアをわずかなりとも改廃することはできず、立法権を全く持たないので、カリフ制は神権制（テオクラシー）とも異なり、カリフ制においては主権はカリフにではなく、神と預言者、クルアーンとスンナにあるのである。

このヒラーファト運動には、ガンディーが率いる国民会議派のヒンドゥー教徒も宗教の違いを超えて反英の立場で協力し、インドの反植民主義、独立運動に貢献したが、トルコには影響を及ぼすことができず、ムスタファ・ケマルによって一九二二年にスルタン制が廃止されてトルコ共和国が成立し、一九二四年にはカリフ制も廃止となることで消滅した。

3 アリー・アブド・アル＝ラーズィクとラシード・リダー

一九二四年にトルコでカリフ制が廃止されると、カリフ制はイスラームの教義ではないと述べ、カリフ制廃止を正当化する著作が現れた。アリー・アブド・アル＝ラーズィク〔一九六六年没〕の『イスラームと統治の諸原則（*al-Islām wa-Uṣūl al-Ḥukm*）』である。

既述のアズハル学院の教授でもあったが、政治家の家に生まれ、宗主国イギリスに留学したこともあるアリー・アブド・アル＝ラーズィクは、キリスト教を理想化し、イスラームをローマ教皇抜きのキリスト教のように作り直そうとの意図で同書を書き、聖書でイエスのものとされる「神のものは神に、カエサルのものはカエサルに」を引き、ムハンマドのアッラーの使徒としての使命は「宗教的」教義の伝達だけであり、彼の行なった政治はあくまでも「世俗的」なものであり、使徒の使命の一部ではなく、カリフ制は宗教とは全く無関係であったと論じた。

一九二五年、アズハル学院の「大ウラマーゥ（イスラーム学者）評議会」は『イスラームと統治の諸原則』を審査し、同書の説く政教分離は、ハワーリジュ派の異端説であるとし、同書の発禁とアリー・アブド・アル＝ラーズィクに対するアズハル学院の教授資格の剥奪を全会一致で決定した。多くのウラマーゥが『イスラームと統治の諸原則』を論駁しているが、その中には元エジプト・ムフティー（教義諮問官）ムハンマド・バヒートや、後のアズハル総長ムハンマド・ヒドル・フサインがいた。以後、イスラーム学界ではイスラームの政教一元の原則が再確認されコンセンサスが成立し、ウラマーゥの間には政教分離を擁護する者はいない。

『イスラームと統治の諸原則』の出版にあたっての、最初の批判者の一人がラシード・リダーであった。ラシード・リダーは、イスラーム改革主義者アフガーニーの弟子のムハンマド・アブドゥの弟子かつ盟友のアーリム（イスラーム学者）であったが、雑誌『マナール（灯台）』を主宰するジャーナリストでもあった。

ジャマール・アル＝ディーン・アフガーニーのイスラーム改革主義は、ムハンマド・アブドゥ以降、西欧流の改革を目指す近代主義とサラフィー（復古）主義に分極化する。サラフィー主義とは「サラフ（先人）に倣《なら》うこと」であり、具体的にはアブー・ハニーファ、マーリク、シャーフィイー、イブン・ハンバルらのスンナ派法学祖らの世代までを範とし、クルアーンと（スンナ派ハディース学の伝承者批判の基準に適《かな》った）ハディースを直接参照して自ら規範を導くイジュティハードの義務を説く立場である。また後世の産物である神学、スーフィズムを外来の異物、ビドア（異端的逸脱）であるとみなして厳しく排斥し、またスンナ派正統主義の立場から、スンナ派の初代から第三代までの正統カリフを批判してアリー以下のイマームを過度に尊崇するシーア派を激しく敵視することもサラフィー主義の特徴にあげることができる。

イブン・タイミーヤ自身は自称としてはサラフィー（salafi）の語を用いていないが、現代のサラフィー主義者はイブン・タイミーヤとその弟子のイブン・カイイムをサラフィー主義の祖とみなしている。そして『マナール』でイブン・タイミーヤとイブン・カイイムの著作を紹介するなどして、サラフィー主義をモロッコからジャワに至るまでイスラーム世界中に弘めた立役者がラシード・リダーであった。

リダーは、オスマン朝カリフ制が廃止される以前に、『カリフ制と最高イマーム制（*al-Khilāfah wa-al-Imāmah al-'Uẓmā*）』を著し、あるべきカリフ制を論じていたが、彼によるとカリフ制の再生にはイジュティハードによる旧弊の改革が必要である。オスマン朝カリフ制の廃止の後、エジプト国王フアード、マッカ太守フサイン、サウディアラビア国王イブン・サウードが空位になったカリフ位をめぐって争っていたが、ラシード・リダーはサラフィー主義のイジュティハードによる改革の理念を共有するワッハーブ派のイブン・サウードを支持した。イブン・サウードもラシード・リダーを財政的に支援し、ラシード・リダーとワッハーブ派の協力により、イブン・タイミーヤとイブン・カイイムの著作は校訂、公刊されてイスラーム世界に普及し、スンナ派イスラーム主義運動の中核となるサラフィー主義に理論的基礎を提供することになったのである。

4　ワッハーブ派

「ワッハーブ派」の語は本来、一八世紀にアラビア半島で活動したハンバリー派法学の改革者ムハンマド・ブン・アブド・アル＝ワッハーブ〔一七九二年没〕の信奉者を指す他称であり、自称としては用いられない。彼らの自称は単に「ムスリム」であった。つまり、彼らにとって彼らこそがムスリム、自分たち以外は多神教徒、不信仰者であり、彼らがムスリムの中の一つの宗派であるとの認識は彼らにはなかったのである。それゆえ彼らと同時代人だったオスマン朝の大法学者イブン・アービディーン

〔一八三六年没〕は彼らを、他のムスリムたちを不信仰者と呼んだ（異端）ハワーリジュ派と呼んでいる。ハワーリジュ派は飲酒や姦通などの大罪を犯したムスリムを不信仰者とみなしたのであるが、ワッハーブ派は大罪によってムスリムが不信仰者になったとみなすわけではない。不信仰に陥るとワッハーブ派がみなすのは、祈りを聞き届け、神に対し己の罪の赦しの執り成しをする力を聖者が持っているといった多神崇拝につながる信仰だけである。とはいえ、不信仰者とみなすことを「タクフィール」というが、正否はともあれ、ワッハーブ派がタクフィールを多用し、それがムスリム社会に大きな衝撃を与えたことは事実であり、「タクフィーリー（他者を不信仰者とみなす者）」はワッハーブ派の代名詞となった。

その後、ワッハーブ派は「当代の異端ハワーリジュ派」のニュアンスを持つ他称の蔑称となっていき、彼らはムワッヒドゥーン（一神教徒）、サラフィー主義者を自称するようになり、さらに現代では「ワッハーブ派」は「イスラーム原理主義者」、「イスラーム過激派」と同じくしばしば内容のない侮蔑語としても使われるようになっている。

ワッハーブ派とサラフィー主義はクルアーンとスンナの直接参照を義務づけ、四法学派の拘束性を否定し、シーア派とスーフィズムを激しく敵視することで共通するし、現代ではワッハーブ派自身もサラフィー主義者を自称しているので、「ワッハーブ派」を「サラフィー主義」と同義に用いることにもそれなりの正当性がある。しかし、ムハンマド・ブン・アブド・アル＝ワッハーブの信奉者の意味のワッハーブ派には実は特殊ワッハーブ派的政治論があるために、ワッハーブ派をサラフィー主義者と区別する方が生産的だと筆者は考える。正確には、ワッハーブ派はイブン・サウードのサウディアラビア王国建国後に大きく変質するのであり、現代イスラーム主義を論ずる場合の「ワッハーブ派」は、「後期ワッハーブ派」とでも言うべきものとなる。

ワッハーブ派運動は一七四四年にムハンマド・ブン・アブド・アル＝ワッハーブと、中央アラビアの豪族イブン・サウード〔一七六五年没〕の間で、サウード王家がクルアーンとスンナの教えを守り、ジハードを行ない、イスラーム法を施行し、善を命じ悪を禁じ、浄財（ザカー）を除き税を課さない限り、サウード家の王政を認める、との政教盟約が結ばれたことにより成立した。

ムハンマド・ブン・アブド・アル＝ワッハーブとイブン・サウードの盟約には、(1)タウヒードの宣教、(2)「善の命令と悪の禁止」の実践、(3)イスラーム法の厳格な適用、のワッハーブ派の政治理念、(1)ジハード（聖戦）による宣教、(2)サウード家の王政の承認、(3)無課税財政の三つの国家原理が集約されていた。サウディアラビアの建国者アブド・アル＝アズィーズ〔一九五三年没〕はイギリスの圧力により自由にジハードを行なうことはできなくなったが、ジハードを停止したとしてもタウヒードの宣教自体はワッハーブ派の至上目的であり放棄はできないため、アブド・アル＝アズィーズは平和的手段による宣教を継続し、イスラーム世界全域への配布のためにイブン・タイミーヤの著作など約一〇万冊のワッハーブ派の基礎文献を出版し、またサラフィー主義のラシード・リダーの『マナール』誌への援助を行ない、同誌の出版局の印刷、出版のためにサウディ政府予算を割いた。

ワッハーブ派運動が生まれた時点では、オスマン朝カリフ制が存在したが、自分たちだけをムスリムとみなすワッハーブ派はオスマン朝カリフ制を認めなかった。またイブン・サウードはスンナ派法学のカリフの条件の定説であるクライシュ族出身ではなかったが、ワッハーブ派はクライシュ族の出自をカリフ条件に数えていない。

イブン・サウードのカリフ位について、イギリスのアラブ局も「ワッハーブ派は四人の正統カリフ以降のカリフを認めていない」という報告を受けていた、と言われている。またワッハーブ派はムハンマド・ブン・アブド・アル＝ワッハーブを「シャイフ」、イブン・サウードを「イマーム」と呼ぶ。そしてサウディアラビアでは今でもムハンマド・ブン・アブド・アル＝ワッハーブの子孫は「シャイフの一門」と呼ばれ、一方、イブン・サウードのイマーム位は彼の子孫に相続されアブド・アル＝アズィーズ初代国王はイマーム位を相続したとされる。

アブド・アル＝アズィーズ王以降のサウディ国王はイマームを名乗っていないが、第五代ファハド国王（二〇〇五年）は「二聖都（マッカ、マディーナ）の守護者（ハーディム・ハラマイン・シャリーファイン）」というオスマン朝のカリフ・セリム一世〔一五二〇年没〕が名乗った称号を名乗り、第六代アブドゥッラー国王もその称号を引き継いでいる。

既述の通り、イマームはカリフの別名であり、特に為政者がイマームを名乗る場合は、カリフの含意は明らかである。

つまり、「ワッハーブ派」の語は、サラフィー主義者の中でも、ムスリムとは自分たちのことで、カリフはサウディ国王であるとみなすことで、サウディアラビア王国を疑似カリフ制と考える人たちを指して用いるのが最も適切であると考えられる。ワッハーブ派を国是とするサウディアラビアは、国家としてはジハードによる宣教を放棄し、領域国民国家システムの中での生き残りを可能にしつつ、国外では、平和な土地ではスーフィズムとシーア派を主要敵として「平和的」にワッハーブ派の教義の宣教を行ない、内戦状態にあるところでは、初期ワッハーブの理念に基づきジハードによる教義の弘宣を行なっているのである。

5　イスラーム改革主義

イスラーム改革主義（イスラーヒーヤ）とは、ハディース学、イスラーム法学などの伝統イスラーム学の先行研究に拘泥せず、現代的問題にクルアーン、スンナを直接参照し適用することが可能だと考え、それによって社会・経済・政治の総合的なシステムとしてのイスラームの復興を目指す潮流である。

イスラーム改革主義の唱道者たちはウラマーゥではなく、「平信徒」である。教育の浸透、識字層の拡大により「平信徒」の聖典への直接のアクセスが可能になったことから、この新しいタイプの「平信徒」の復興主義知識人階層が生まれた。

このイスラーム改革主義を代表するのが、一九二八年にエジプトのイスマーイーリーヤで生まれたムスリム同胞団である。綱領の一つに「サラフィー主義の宣教」を挙げているように、同胞団はラシード・リダーのサラフィーヤの系譜につながる大衆運動であった。創設者のハサン・バンナー（一九四九年没）は、伝統イスラーム学の教育機関アズハル学院ではなく、ムハンマド・アブドゥが創設した「世俗」大学ダール・アル＝ウルーム出身の「平信徒」であった。

ハサン・バンナーは「カリフ制の理念とその再興を方法論にすえる」と述べているが、同胞団のカリフ制に対するアプローチは儒教の修身斉家治国平天下を思い起こさせるもので、カリフ制の樹立は個人、家族、社会、国家のイスラーム化の後、世界のイスラーム化の前の段階と位置付けられる。

バンナーはイスラームが包括的システムであるとの理解に基づいて、同胞団は社会改革目指す団体であると規定し、そのスローガンを、(1)サラフィー主義の宣教、(2)スンナ派の道、(3)スーフィーの真理、(4)政治的組織、(5)スポーツ団体、(6)学問文化的連盟、(7)経済的会社組織、(8)社会思想にまとめる。

このように同胞団は、イスラームの理念を西欧近代的社会運動と結びつけたことで、モスクの建設、運営、イスラームの勉強会などの宗教活動に加えて、病院経営や貧困者の支援、スポーツ・クラブ活動などの草の根的な社会慈善活動を繰り広げたのである。大衆路線を取ることで同胞団は一九三二年にカイロに本部を移すと会員が五〇万人を数えるまでになり、一九四〇年代後半にはエジプト最大のイスラム主義運動となっていた。同胞団は個人と社会のイスラーム化を優先し、政治的志向性は強くなく、領域国民国家の議会制民主主義の枠組みの中で漸進的イスラーム化をはかる「穏健」なものであったが、一九四八年一二月にヌクラーシー首相は同胞団の解散を命じ、それに対して同胞団員がヌクラーシー首相を暗殺する事件が起きた。

バンナーは暗殺を非難したが、翌一九四九年バンナーは暗殺された。バンナーの暗殺は政府によるものと考えられている。その後同胞団は一九五二年の自由将校団による王政打倒クーデターに協力したが、一九五四年にナセル暗殺を謀ったとしてナセルはムスリム同胞団を非合法化し弾圧し、多くの同胞団員が投獄され処刑された。

ムスリム同胞団は全ムスリムの団結を理念として掲げているが、実際にはメンバーシップはほぼアラブ人に限定されている。しかしアラブ諸国では、発祥の地であるエジプトを越え、シリア、ヨルダン、パレスチナ、スーダン、チュニジア、アルジェリア、クウェイトなどに活動を広げており、非イスラーム世界のアラブ移民や留学生の間でも影響力を有しており、中でもイギリス、ドイツは重要である。

また同胞団は思想的に近い非アラブのイスラーム改革主義の諸団体とも共闘関係にある。こうした団体の主なものとしては、インド亜大陸のジャマーアテ・イスラーミー、トルコの現政権党公正発展党（Adalet ve Kalkýnma Partisi）の母体となったミッリー・ギョリュシュ（Milli Görüş）運動、インドネシアの公正繁栄党（Partai Keadilan Sejahtera）、マレーシア・イスラーム党（Partai Islam Se-Malaysia）、アフガニスタンのヒズビ・イスラーミーなどがあり、これらの運動は思想的・人的に緩やかな国際ネットワークを作っている。

6 サイイド・クトゥブ

ナセルによる弾圧で処刑されたムスリム同胞団員の中で最も重要なのはサイイド・クトゥブである。クトゥブは、バンナーと同じくダール・アル＝ウルームを卒業し教師を務めた後、ジャーナリスト、批評家としても活躍し、一九四八年から一九五一年までのアメリカ勤務を終えて帰国すると同胞団に入会した。彼は同胞団の広宣部長を務め、政治活動のため逮捕、投獄の後も獄中で著作活動を続けたが、一九六四年の出獄後、一九六六年、政府転覆の陰謀の科で処刑された。

クトゥブは学者ではなく、ジャーナリスト、評論家であり、その思想にはオリジナリティーはなく、厳密さも欠くが、その平明な文体と「ハーキミーヤ（主権）」や「ジャーヒリーヤ（イスラーム以前の無明）」のようなキーワードを効果的に用いた分かりやすい論理は多くのアラブ大衆を引きつけ、その思想は彼の死後もエジプト内外の「イスラーム改革運動」に大きな影響を与え続けている。彼は国家論としてのカリフ制については論じていないが、領域国民国家を明晰に否定し、カリフ制再興論への道筋を示しているため、本章では特に一節を設け、クトゥブの思想の概略を示す。クトゥブはナセルによる同胞団への弾圧を自ら獄に投ぜられることによりつぶさに目にし、エジプト社会の反イスラーム性を確信した。彼の著した『道標（*Ma'ālim fī al-Ṭarīq*）』は、アラブ大衆だけではなく世界の多くの言語に訳され、イスラーム世界全体に大きな影響を与えた。

クトゥブは平明な言葉で、イスラームの根本教義である「タウヒード（唯一神崇拝）」の概念からイスラームの包括的な改革の必要性をダイレクトに導き出す。タウヒードはイスラームの基本概念である。クトゥブによると、イスラームとは「全てが唯一の神性の原理の上に成り立っている教えであり、その体制、法制の全てがこの大原則から派生している。」「アラブは彼等の言葉で『神（イラーフ）』の意味するところ、『アッラーの他に神はなし』の意味するところを知っていたのである。彼等は『神性』とは『最高統治権（ハーキミーヤ・ウルヤー）』を意味することを知っていたのである。」

クトゥブによると「統治権」の対立概念は「隷属」である。したがって「神性におけるタウヒード（唯一神崇拝）」とは「統治権」をアッラーのみに帰すことに他ならない。人間がアッラー以外の「統治権」に服すること、即ち「人間の人間への隷属」をサイイド・クトゥブは「ジャーヒリーヤ（使徒の宣教以前のアラブの多神教徒の状況、無明）」と呼び、エジプトを含む全ての世界をジャーヒリーヤの社会とみなす。

世界が全てジャーヒリーヤである以上、ジャーヒリーヤとの戦いは個人の問題である以上に社会の問題である。したがってその担い手はウンマ（共同体）であり、「神性におけるタウヒード」は社会運動の形で実現されねばならない。クトゥブはジャーヒリーヤとの非妥協的な戦いを呼びかけて言う。「われわれは自分自身のジャーヒリーヤの社会、ジャーヒリーヤの慣習、ジャーヒリーヤの支配権力の圧制から解放されねばならない。われわれはそれと妥協してはならない。……われわれの課題は先ず自分自身を変革することであるが、それは最終的には社会の変革のためなのである。」

「神性におけるタウヒード」の実現の主体はムスリムのウンマ・ムスリマである。しかしクトゥブにとってその対象はムスリム社会を越えて世界全域となる。彼にとって真の「神性におけるタウヒード」とは全人類をアッラー以外のものへの隷属、即ち「人の人に対する支配＝隷属」から解放することを意味する。なぜならアッラーは先ず「大地の主」であるからである。そしてその解放は理論や哲学のレベルではなく、社会的現実における解放でなくてはならない。それゆえクトゥブはアッラーの統治権を簒奪する地上の権力に対する革命、全人類の解放のためのジハードの必要を訴えるのである。

クトゥブは言う。「この教えはアラブ人の解放宣言ではなく、その使信はアラブだけのものではない。その対象は『人類』――種としての『人類』――であり、その場は『地』――全ての――なのである。」「イスラームの宣教の目的が、あらゆる側面において適切な全ての手段に訴えて現実と対決する真摯な宣言として、人類の解放を宣言することである以上、それにはジハードが不可欠なのである。」

クトゥブにとって「アッラーの統治権」の確立とはシャリーア（イスラーム法）の施行である。そしてクトゥブの言うシャリーアとはサラフィー主義者と同じく預言者ムハンマドの教え、クルアーンとスンナに他ならない。クトゥブは言う。「シャリーアとは使徒から伝えられたものでなければならない。なぜなら今日人が『イスラーム』と呼び習わしているものにはジャーヒリーヤの産物に成る夾雑物が紛れこんでいるからである。シャリーアの支配は『源泉』即ち使徒の教えに従うことによってのみ達成されるのである。」

クトゥブのジャーヒリーヤ、ハーキミーヤ、ジハードの概念は曖昧であり、彼はムスリム諸国の為政者を背教者と断じてカリフ制樹立のための武力闘争を訴えたわけではないが、『道標』によって政治的に覚醒したサラフィー・ジハード主義者たちは、クトゥブの思想を深化させ、革命論に読み替えていくことになったのである。

7 解放党

カリフ制再興を現代のムスリムにとって最重要課題とみなし、その実現のために、理論的かつ実践的な活動をグローバルに展開してきた組織と言えば、先ず第一に挙げるべきは解放党（Hizb ut-Tahrir）である。

解放党はパレスチナのイスラーム学者でエルサレムのイスラーム裁判所判事であったタキー・アル＝ディーン・ナブハーニーによって一九四九年に創設された。解放党結成以前ナブハーニーはバンナーと接触を持ち、クトゥブにも影響を受けたが、ムスリム同胞団に加入したことはなく、アラブ民族主義者であり、目立った活躍はしなかったが、バアス（アラブ復興）党員でもあったと言われる。当初ナブハーニーはヨルダンで政党結成許可申請を行なったが却下され、逮捕された。以降解放党はヨルダンばかりでなく、アラブ世界のほとんどの国で活動を禁止され弾圧を被り、非合法組織として地下活動を強いられるようになり、ナブハーニーも一九七〇年に潜伏先で死を迎える。

解放党は慈善団体でも社会運動でも思想集団でも教育機関でもなく一義的に政党であり、カリフ制の再興を目標に国際的に政治活動を展開しており、アラブ各地の他に、トルコ、パキスタン、バングラデシュ、インドネシア、マレーシアなどのムスリム諸国の他、ロンドン、オーストラリアなど非ムスリム諸国にも支部を置いている。

解放党は政党であり、思想集団でも教育機関でもないが、政治、経済、法律、社会、神学などについて包括的な独自のプログラムを用意していることを特徴とする。解放党はスンナ派伝統神学、四法学派の拘束性を否定し、クルアーンとスンナの直接参照の義務を説く点でサラフィー主義者の一変種とみなすことができるが、以下の三点でワッハーブ派等のサラフィー主義の主流とは異なっている。

第一の相違点は、解放党はシーア派一二イマーム派法学祖ジャアファル・サーディク〔七六五年没〕とシーア派ザイド派法学祖ザイド・ブン・アル・ハサン〔七四〇年没〕をスンナ派四法学祖と同列に並べている点である。解放党が依拠するハディースは実際にはスンナ派のものではあり、解放党にシーア派的要素はないが、サラフィー主義の主流派と違いシーア派に対する激しい敵意もない。

第二の相違点は、サラフィー主義者が「スンナ派超正統主義者」であり、四法学祖やイブン・タイミーヤ〔一三二八年没〕、イブン・カイイム〔一三五〇年没〕等の過去の「スンナ派超正統主義者」の先人たちの「正統」な継承者であるとの自らの立場を立証するために、先人たちの見解の引用を多用する議論のスタイルを取るのに対し、解放党は四法学祖を含めて過去の法学者の見解をほとんど引用しないことである。

第三の相違点は、スーフィズムをシーア派と並ぶ主要敵とみなすサラフィー主義主流派と異なり、解放党はスーフィズムに無関心であることである。

カリフ制の再興を目的に設立された解放党は、現代において再興すべきカリフ制の具体的なプログラムを有している。解放党は、議会制民主主義や王政など既存のムスリム諸国のいかなる政体にも支配の正当性を認めないのみならず、領域国民国家システム自体を否定する。解放党によると、イスラーム国家と呼べる政体はカリフ制しかなく、カリフ制以外には過渡的なイスラーム国家といった中間段階は一切存在しない。

解放党の憲法草案第一五条は「統治システムは単一システムであり、連邦制度ではない」と述べ、連邦制を否定することによってイスラーム国家の単一性を再確認し、第二〇条は「(1)主権（スィヤーダ）はイスラーム法（シャルウ）に帰属し、人民にではない。(2)権力（スルターン）はウンマに属する。(3)ただ一人の国家元首の任命がムスリムの義務である。(4)イスラーム法の立法化（tabannī aḥkām sharʿīyah）は国家元首のみの大権であり、彼が憲法ほか全ての法律を制定する。」との四大原則を定める。

解放党の政治理論においては、この四原則はイスラーム国家の必要不可欠な要件であり、そのうち一つでも欠ければその国家はもはやイスラーム国家ではない。そして連邦制を否定し唯一人の国家元首の任命を義務とする解放党のいうイスラーム国家とは、一人のカリフによって統合されたイスラーム法によって統治される法治空間である「ダール・アル＝イスラーム」、即ちカリフ制国家に他ならないのである。

解放党の政治論によると、今日のイスラーム諸地域は、イスラーム法上、全域が「ダール・アル＝クフル（不信仰の居住圏）」あるいは「ダール・アル＝ハルブ（戦争の居住圏）」とみなされる。「不信仰の居住圏」とは、「ダール・アル＝イスラーム（イスラームの居住圏）」の対立概念である。ダール・アル＝イスラームとは、「イスラームの法規に則って統治され、その治安がイスラームの安全保障、つまりムスリムのスルタンの安全保障に基づいている居住圏」であり、逆に通用している法がイスラームの法規でないか、あるいは非ムスリムによって治安が保たれているなら、その土地はたとえ住民のほとんどがムスリムであろうともダール・アル＝イスラームではなくダール・アル＝クフルである。そして今日のムスリム諸国は第一条件「イスラーム法による統治」が実現されていないためにダール・アル＝イスラームではなくダール・アル＝クフルである。

解放党は、為政者が不信仰の諸法規に則る統治を行なえば背教にあたり、そのような為政者に対しては、武装蜂起、奪権闘争が義務となる、と述べる。ここまでは解放党は後述するサラフィー・ジハード主義者と軌を一にする。解放党をサラフィー・ジハード主義の一変種と呼ぶ所以《ゆえん》である。しかし解放党は、放伐の義務に、それがダール・アル＝イスラームにおいてである場合のみ、との条件をつける。ところが解放党によると現代のムスリム世界は全てダール・アル＝クフルに転化しており、ダール・アル＝イスラームはもはや存在せず、したがってイスラーム法に反する統治者の放伐の義務も存在しないことになる。それゆえ解放党は、放伐の義務にダール・アル＝イスラーム内との条件をつけず、むしろダール・アル＝クフルをダール・アル＝イスラームに戻すためにジハードが必要とのサラフィー・ジハード主義者とは袂を分かつことになる。

世界全体がダール・アル＝クフルに転化した現代においては、カリフ制再興の方法は武力闘争ではなく「助勢要請」である、と解放党は述べる。解放党は、マディーナにおけるイスラーム国家建設に至る預言者の足跡の分析から、カリフ制再興への道筋を、ムスリム個人個人に党の思想を広める第一段階である「啓蒙」段階、(1)サークル文化活動、(2)公開文化活動、(3)イデオロギー闘争、(4)政治闘争、(5)公共福祉活動などを行なう第二段階である「対社会活動」段階、最終段階である「奪権」段階の三段階に分ける。この最終的奪権段階において、軍人や政治家などの国家の要職にある者にカリフ制樹立、政権奪取への協力を求めることが「助勢要請」である。

「イスラーム世界の現存のいかなる国も、カリフにバイアを捧げる資格があり、それによってカリフ位は締結される。それゆえイスラーム諸国の一ヵ国がカリフにバイアを行なえば、彼のカリフ位は締結される。そしてその（カリフ在住の）国の国民のバイアによってカリフ位が締結された後には、彼に服従のバイアを行なうことが全てのムスリムの義務となる。それはその国がエジプト、トルコ、インドネシアのような大国であろうと、カタールやカメルーンのような小国であろうとも同じである」とナブハーニーは述べている。解放党によると、カリフ制の再興のための奪権は、最低でも現行の国民国家体制の枠組みにおける「国家」のレベルでの権力の掌握を意味しているのである。

8　ワッハーブ派の人定法批判

一九五〇年から六〇年代にかけて、アラブ世界では、旧ソ連の支援を受けたエジプトのナセルやシリア、イラクのバアス党などが独立の余勢をかってアラブ社会主義によるアラブ世界での覇権の確立を目指した。このアラブ社会主義による既成秩序への挑戦に対抗して、湾岸の王制諸国を糾合し、イスラーム外交の名の下にアラブ社会主義を共産主義＝無神論と断じるイデオロギー闘争を展開したのがサウディアラビアの故ファイサル国王であった。一九六二年には彼のイニシアチブの下に、サウディアラビアのメッカに本部をおく世界のイスラーム団体の調整・支援機関ラビータ（世界イスラーム連盟）が作られた。

またサウディアラビアは、アラブ社会主義体制の本国での弾圧を逃れたエジプト、シリア、イラクなどのムスリム同胞団員などのイスラーム改革主義者に恰好の亡命先を提供した。エジプト・シリア統合の失敗、シリア・イラク両バアス党の分裂、エジプトのイエメン内戦への介入の失敗、そして一九六七年の第三次中東戦争の敗北などによって、アラブ社会主義は最終的に自壊した。財政・外交的支援を条件にナセルがファイサルの軍門に下り、アラブ社会主義陣営が覇権への野望を放棄することによって、ファイサルのイスラーム外交は、一九六九年のイスラーム協力機構（ＯＩＣ）（イスラーム諸国会議機構、二〇一一年にイスラーム協力機構と改称）の創設決定として結実することになる。

ワッハーブ派は特に元来瑣事拘泥主義で他派に対して極めて偏狭であったが、この時期には無神論のアラブ社会主義という共通の敵を前にして、イスラーム改革主義を含むスンナ派原点回帰主義の諸グループを支援し、共闘したのである。

一九六〇年代にはアラブ社会主義とのイデオロギー闘争の中で、社会主義のみならず西欧法を継受した近代国家体制そのものを否定する理論が定式化された。これが「人間の作った法律による支配は神の主権の否定であり背教にあたる」とのワッハーブ派の反人定法論である。

ワッハーブ派は、サウディアラビア建国以降は、ジハードによる宣教を放棄し、政治的には「穏健化」したように見えた。しかし、水面下では、ムハンマド・ブン・アブド・アル＝ワッハーブの子孫シャイフ家のサウディアラビア初代ムフティー（教義諮問官）ムハンマド・ブン・イブラーヒーム・アール・アル＝シャイフ〔一九六九年没〕によって、ワッハーブ派の教義に大きな理論的発展をもたらす論考が著された。それが『人定法に裁定を求めること（*Taḥkīm al-Qawānīn*）』である。本書はサウディアラビアでは「禁書」扱いになっているが、サウディ王制を批判し自宅に軟禁され反体制派のイスラーム学者として知られるサファル・ハワーリーにも注釈されており、サラフィー・ジハード主義者の間で広く回覧されている。

ワッハーブ派はイスラームの教義の根本、タウヒード（唯一神崇拝）とシルク（多神崇拝）を二項対立的に把握し、タウヒードに反するあらゆる行為、信条をシルクと断じ、力ずくで排除する点において、極めて攻撃的だが、その関心は狭義の「宗教的」事柄であり、シーア派とスーフィズムを主要敵としており、政治はサウディ王家に任せており、「政治」に対する関心は薄かった。

ところが、アール・アル＝シャイフは同書において、西欧法体系を継受し施行することこそ、最悪のシルク（多神崇拝）であるとの反人定法論を構築し、シーア派とスーフィズムを主要敵としてきたワッハーブ派に革命的大転換をもたらした。

『人定法に裁定を求めること』はよく考えられた分りやすい構成になっている。先ず、冒頭で人定法に裁定を求めることがアッラーの啓示に基づく裁定に対立することを明らかにし、それが不信仰にあたると断定し、その後で、不信仰を、⑴イスラームからの背教に値する信条における不信仰と、⑵背教にはあたらない行為における不信仰、に大別する。

背教にあたる信条における不信仰については、それを六種類に下位分類する。最初の四種類は、個々人の内心に掛かっている。第一は、アッラーの様々の法規定のどれかを無効と考える信条、第二はアッラーの規定以外のある規定をアッラーの規定よりも優れていると考える信条、第三がアッラーの規定以外のある規定がアッラーの規定と同等であると考える信条、第四がアッラーの規定がより優れていると信じながらもアッラーの規定以外のある規定が許されると考える信条である。これらは全て破門に値する不信仰である。

アール・アル＝シャイフの独創は、背教にあたる信条の信仰の最後の二種類で、個々人の内心に掛かっている心的事象ではなく、社会イデオロギー現象として統治システムに関わる外的事象にも背教を認めたことである。

その第二は、サウディ社会にのみに関わるもので、部族社会のレベルで「サルーム」と呼ばれる部族の慣習法を統治システムとすることであるが、最も重要なのはその第一のものであり、フランス法、英米法などの法律やイスラーム聖法の一部の寄せ集めの法律に、全体主義的強制的組織的形態で統治システムを準拠させることである。

アール・アル＝シャイフは「それこそシャリーア（イスラーム聖法）に対する頑迷な反対、その諸法規定への軽視、アッラーとその使徒に対する敵対において、最も重大、最も包括的、最も明瞭な不信仰である。」「これ以上の不信仰があろうか。ムハンマドがアッラーの使徒であるとの信仰告白に対するこれ以上の敵対があろうか。」と述べ、現代においては、シーア派やスーフィズムではなく、西欧の人定法を人々に強制し、それで人々を支配することこそイスラームのタウヒードの根本教義に反する最悪の不信仰、シルク（多神崇拝）に他ならないことを論証したのである。

タクフィール志向の強いワッハーブ派のウラマーゥの最高権威でもあったアール・アル＝シャイフの反人定法論は、クトゥブのジャーヒリーヤ社会論をイスラーム法学的に基礎づけるものであり、後のサラフィー・ジハード主義者たちの反政府武装闘争を正当化する理論的根拠となったのである。

9　サラフィー・ジハード主義の革命のジハード論

アール・アル＝シャイフの人定法批判は、イスラーム法に則る統治を建前とするサウディアラビアのムフティーとしての、共和制諸国に対する批判、いわば外からの批判であった。ところがアラブ社会主義体制をとるエジプトにあって内側からこれを批判したのが、イスラームとジャーヒリーヤの二分法を掲げるクトゥブの「ジャーヒリーヤ論」であった。統治権がアッラーのみに帰されない、つまり立法権が人間の手に握られている状態は、人間の人間に対する隷属を意味する。彼はそれをイスラームに対立するものとして、「ジャーヒリーヤ（無明）」と呼び、「イスラーム世界」の現状をジャーヒリーヤと断じた。クトゥブのジャーヒリーヤ論は権力者にとっては極めて危険なものであった。それゆえ彼の影響力を恐れた時のエジプト大統領ナセルにより、一九六六年、クトゥブは国家転覆容疑によって処刑された。

アール・アル＝シャイフの著作が狭いウラマーゥ・サークルの間でしか知られていなかったのに対して、雄弁なジャーナリストであったクトゥブの著作はアラブ大衆に多くの読者を得、外国語にも翻訳され、世界のイスラーム運動に大きな影響を与えた。

アラブ社会主義とのイデオロギー闘争を通じて、西欧法を継受したアラブ社会主義体制の反イスラーム性の理論的認識が深まったが、イスラーム主義者に対する投獄、拷問、虐殺、処刑といった現実の対応は、その認識を強化するものであった。また中東の政権は例外なく軍事独裁政権であり、宗教・言論は政府の完全な統制下にあり、イスラーム主義者には平和的手段による政権獲得の道は閉ざされていた。しかし、アラブ社会主義が自壊すると、それらの国々でもイスラームに対する弾圧が相対的に緩和され、教育や社会福祉などの非政治的活動を通じた社会のイスラーム化が進んでいった。

本来、イスラームは学問であるため、イスラームへの弾圧が緩めば、学問の論理に従って、学問的に正しいイスラーム理解が進歩する。イスラーム復興運動の興隆の主たる原因は学問の進歩と大衆化にある。学問の進歩と民衆のイスラーム化を媒介したのが、学校などの公教育と、モスクなどの非公式教育である。両者は重なる部分もあったが、公的教育は国家の統制下にあるため基本教義と私的宗教儀礼の教育に偏る傾向があったが、比較的自由なモスク教育は、社会倫理など実践的な問題をも教え、モスク教育を基礎に、そこで男性の顎髭（預言者ムハンマドに倣《なら》って男性の威厳のしるしとされる）、女性のヒジャーブ（ベール）、男女の隔離といった風俗、社会倫理のイスラーム化が進行した。

スンナ派の改革イスラーム主義の指導的担い手はウラマーゥではなく、主として「平信徒」であった。彼らは各自の職業を通じて社会のイスラーム化を計った。中でもエジプトでは相対的自由期に大学学生自治会、職業組合のイスラーム化が進み、一九八〇年代には大学の学生自治会と医師組合、技師組合、弁護士組合などの職業組合の大半がムスリム同胞団の支配下に入った。漸進改革派は勉強会の中で民衆の教化と共に、モスクに付属する病院を建て貧者に無料の診察を行なうなど、社会奉仕活動を通じても民衆の支持を集めていった。

クトゥブは、イスラームとジャーヒリーヤ（無明）を二項対立的に把握し、ジャーヒリーヤとの妥協は許されず、ジャーヒリーヤを克服しイスラーム社会を再建するためには、ジハード（聖戦）が必要不可欠であるという。なぜならイスラームが解放の教えである以上、イスラームの信仰の自由が確保されるためには、先ず人間の人間に対する支配－隷属関係が打破されねばならず、それには言論による論証のみでは足りず、体制変革の革命のための「運動」が組織される必要があるからである。

クトゥブのジャーヒリーヤ社会論の現状認識と体制変革への訴えを、既述のアール・アル＝シャイフの反実定法論、イスラーム法に背く統治を行なう為政者とのジハードを命ずる中世の法学者イブン・タイミーヤ〔一三二八年没〕のファトワー（法判断）と接合して、革命のジハード論を法学的に定式化したのが、サラフィー主義者のジハード団のアブド・アル＝サラーム・ファラジュ、イスラーム集団のウマル・アブド・アル＝ラフマーンらエジプトのジハード連合（Tanẓīm Jihād）のイデオローグたちの理論的作業であった。

ジハード団は一九六〇年代にカイロに、イスラーム集団は一九七〇年代に上エジプトで結成された、武力闘争によるイスラーム国家の樹立を目指すサラフィー主義の組織であった。闘争路線において、ジハード団は軍の内部の秘密細胞によるクーデター、イスラーム集団は大衆蜂起と、路線対立があったが、一九八〇年にサダト暗殺のために合同し、ジハード連合を結成した。一九八一年、サダト暗殺に成功した。しかし期待されたイスラーム国家樹立のための大衆蜂起は生じず、革命は失敗し、ジハード連合は解消され、ジハード団とイスラーム集団はそれぞれ独自の道を行くことになる。

ジハード団とイスラーム集団の革命のジハード論の論理構成は以下の通りである。
(1)シャリーア(イスラーム法)以外の人定法の施行は背教にあたる。
(2)したがって人定法を施行する為政者はムスリムではなく背教者である。
(3)背教の為政者に対してはジハードが義務となる。
(4)ところが現在の「ムスリム諸国」の支配者たちは人定法を施行している。
(5)それゆえ既存の全ての体制のジハードによる打倒が義務となる。
(6)近い敵ムスリム諸国の体制とのジハードは、遠い敵外国の異教徒とのジーハードより先に行なうべきである。
イスラームの教えを護るために異教徒の侵略者と戦う、という意味でのジハードは、全てのムスリムがその義務を認める教義であり、この意味でのジハードにコミットする者を取り立てて「ジハード主義」と呼ぶことに意味はない。特に「ジハード主義」と呼ぶ場合、それはムスリムが為政者でありながらもシャリーアではなく人定法によって統治される体制をジハードで打倒すべし、との立場を指す。革命のジハード論は一九七〇年代後半に輪郭が固まったが、この「革命のジハード論」が、その後のスンナ派世界における反政府武装闘争の基礎理論となり、それを担ったのが、サラフィー・ジハード主義者なのである。

10 イラン・イスラーム革命とシーア派

こうしてスンナ派世界で、新たに生まれたサラフィー・ジハード主義者による「革命のジハード論」の理論化が進みつつある頃、シーア派世界では、イランを追放され一九六五年にイラクのシーア派聖地ナジャフを亡命先に定めたアーヤ・アッラー・ホメイニーが王制の打倒とイスラーム法学者の直接統治の必要を説く「法学者による後見」理論を編み出していた。

ホメイニーは、シーア派信徒の唯一の正当な指導者であるイマームの不在中は法学者こそがその代理人である以上、イスラームは王制を認めていないと言う。シーア派では宗教弾圧の下では「タキーヤ（信仰を隠すこと）」が許されている。しかしイスラーム社会そのものが危機に瀕している場合には「タキーヤ」は許されず、パーレヴィー帝政は西欧の手先となりイスラームを滅ぼそうとしている以上、これを打倒し、法学者が直接政治の運営にあたるイスラーム共和制を樹立しなくてはならないとホメイニーは説いた。

ホメイニーは世界に広がるシーア派のウラマーゥ・ネットワークを通じてイラン帝政打倒派の組織

化に成功していた。そして一九七九年にはイランではイスラーム世界で初めての民衆革命によってパーレヴィー朝帝政は倒れ、イスラーム革命により、「法学者による後見」理論に立脚するイスラーム共和国が樹立された。

アラブ社会主義とのイデオロギー闘争期には、国家レベルにおける世界のイスラーム運動の盟主はワッハーブ派宣教国家サウディアラビアをおいて存在しなかった。ところがイラン・イスラーム共和国の成立以降は、スンナ派のワッハーブ派宣教国家サウディアラビアとイラン・イスラーム共和国が主導権を争うという国際イスラーム運動の基本構図ができあがる。

イランはイラン・イスラーム革命をイラン一国を越えるイスラーム革命と位置づけ、イスラーム革命の輸出を目指した。いわゆる「革命輸出」戦略構想に基づき、イランは「世界イスラーム解放運動機構」を組織したが、この組織にはイラクとクウェイトのダウワ（宣教）党、バハレーンのイスラーム解放戦線、サウディアラビアのアラビア半島イスラーム革命組織、レバノンのヒズブ・アッラー（神の党）、イスラミック・アマルなどが加入し、各国のシーア派イスラーム主義反体制派の指導者たちがイランを活動拠点に定めることになった。イラン革命の影響の下に一九七九年にはサウディアラビア、バハレーン、クウェイトなど多くのシーア派住民を抱える湾岸諸国ではシーア派の待遇の改善を要求するストライキやデモが頻発した。スンナ派政権は弾圧をもってこれに応じたため、湾岸諸国では一九八二年のバハレーンのシーア派反体制組織によるクーデター未遂事件などシーア派による反体制活動が頻発した。

またイラクではシーア派住民の間で大きな影響力を有したアーヤ・アッラー・ムハンマド・バーキ

ル・アル＝サドルが「法学者による後見」理論を受容したが、イスラーム革命の波及を恐れるバアス党政権は一九八〇年、アル＝サドルを処刑する。イランの「革命輸出」が大きな成功を収めたのはレバノンのシーア派の政治組織化である。レバノンでは、ヒズブ・アッラー、イスラミック・アマルなどシーア派が民兵団を結成し大きな政治勢力となった。反イスラエル闘争ではイランと立場を同じくしたヒズブ・アッラーが主役になり、武装闘争の結果、一九八五年にはレバノン南部を占拠していたイスラエル軍を撤退させる大きな成果をあげ、レバノンの中の国家内国家としてレバノン政府軍を超える力を持つことに成功した。

11　アル＝カーイダ

ビン・ラーディンは二〇〇六年に、「カリフの古都バグダードのジハード戦士の兄弟たちよ、カリフ制の中核を作り出す機会を見逃すべきではない。」と呼びかけた。

アル＝カーイダと通称されるウサーマ・ビン・ラーディンが作り出したネットワークの正式な名称や、設立年を詮索することにさしたる意味はない。ここでは、異教徒の侵略者からのムスリムの解放を訴えるパレスチナのムスリム同胞団員アブドゥッラー・アッザームの影響を受け、彼と共にビン・ラーディンが、アフガニスタンに進駐した旧ソ連軍と戦うために一九八四年にパキスタンに設立したサービス事務所を母体とすることを確認しておけばそれで足りる。

同胞団員であったアッザームは「いかにひどくシャリーアから逸脱していようとも、ムスリムの政権に対しては武力行使はすべきではない。」と述べており、そのジハード論は、古典的異教徒の侵略者との戦いであって、反イスラーム的政権を倒すサラフィー・ジハード主義者の革命のジハード論ではなかった。アッザームの弟子であったビン・ラーディンも同じで、第二次湾岸戦争でサウディ王家を批判した時も、アラビア半島に異教徒のアメリカ軍を駐留させることを許したことがアメリカによるアラビア半島への侵略だと考えたからであり、サウディ王家を、イスラーム法に反して統治することで背教者になったと考えてジハードをしかけたわけではなく、一九九六年にシオニスト十字軍同盟に対するジハードを宣言した後でさえも、王家との和解の余地を残していた。

しかし、ジハード団の「近い敵」理論を棚上げして、「遠い敵」アメリカと戦うアル＝カーイダに合流したアイマン・ザワーヒリーらサラフィー・ジハード主義者たちの影響で、アル＝カーイダは、徐々に、ボスニア、アルバニアなどでの古典ジハード論に基づく異教徒の侵略者とのジハードと、欧米のようなダール・アル＝ハルブ（戦争の家＝非イスラーム世界）での破壊活動と、サウディアラビアやイエメンなどムスリム諸国での反政府闘争を、同時に戦うハイブリッドな組織に変質していった。

つまり、アル＝カーイダは、古典的な異教徒の侵略者とのジハードを望む同胞団系、サウディアラビアの外部で内戦状態にある土地で異教徒の侵略者及びシーア派とのジハードを戦うワッハーブ派、ムスリム諸国でイスラーム法を無視した西欧風の人定法に則った統治を行なう世俗主義体制とのジハードを戦うサラフィー・ジハード主義者の三者が呉越同舟で共闘するジハードのためのネットワーク・ハブになったのである。

ジハード論については師のアッザームの同胞団の立場を踏襲するビン・ラーディンとジハード団のザワーヒリーの間には齟齬があったが、カリフ論に関しては、同胞団とジハード団の間に違いはない。領域国民国家の枠組内でイスラーム法を施行する国家の樹立が可能であり、カリフ制は個別のイスラーム国家樹立の後の目標であることは、同胞団とジハード団の共通認識である。アル＝カーイダはアフガニスタン・イスラーム首長国（ターリバーン政権）をそのようなイスラーム国家のモデルと考えており、チェチェン・イスラーム国もそのようなイスラーム国家である。

カリフ論において、アル＝カーイダは同胞団と同じく、地方に国家レベルでイスラーム国家を作っていき、それらを最終的に統合してカリフ制を樹立しようとする。アル＝カーイダの考えでは、カリフ制とイスラーム国家の間に質的な相違、決定的な断絶はない。

アメリカの中東研究者アーロン・ゼリンによると、アル＝カーイダは、二〇一〇—二〇一三年の間にアラブ諸国における独裁政権の崩壊、二〇一三—二〇一六年には、イスラーム国家、あるいはカリフ制の樹立を予想／予定するロードマップを有していた。そのロードマップに照らして考えると、二〇〇六年のビン・ラーディンの「カリフの古都バグダードのジハード戦士の兄弟たちよ、カリフ制の中核を作り出す機会を見逃すべきではない。」との呼びかけも、カリフ制樹立の呼びかけではなく、むしろカリフ制の先駆けとしての領域イスラーム国家樹立の呼びかけであり、事実、二〇〇六年にはアル＝カーイダを中核としたイラクのスンナ派反体制グループが団結してイラク（二大河の国）・イスラーム国を樹立し、それを受けて翌二〇〇七年にはザワーヒリーもアル＝カーイダがカリフ制再興に献身するとの声明を発表している。

そしてそれまではカリフ制の脅威をほとんど認識していなかった西欧にも明確な変化が現れた。二〇〇五年にはアル＝カーイダのロードマップは西欧にも明らかになり、二〇〇六年には当時の米国大統領G・ブッシュJr.はアル＝カーイダの最終目標がカリフ制の樹立にあることをはっきりと認識し、一年の間に一五回以上カリフ制について言及している。

西欧でアル＝カーイダが注目を集めるようになることで、アル＝カーイダのブランド化、フランチャイズ化とでも言うべき現象が起きた。ムスリム諸国内で反体制武装闘争を戦っていた、主としてサラフィー・ジハード主義者諸組織がアル＝カーイダを名乗り傘下に入ることで、サラフィー・ジハード主義者のネットワークが可視化することになったのである。そのアル＝カーイダ・ブランドの第一号店とでも言うべきものがイスラーム国の前身で、二〇〇四年にイラクにできた「二大河の国のアル＝カーイダ」であった。続いて二〇〇六年には「イスラーム・マグリブ地域のアル＝カーイダ」、二〇〇九年には「アラビア半島のアル＝カーイダ」が現れ、二〇一二年にはソマリアの「ムジャーヒディーン青年運動（シャバーブ）」もアル＝カーイダの傘下に入ることを表明した。

アル＝カーイダがカリフ制を目標に掲げていることは確かであるが、カリフ制樹立の義務はイスラーム学の合意事項であり、同胞団をはじめ多くのムスリム組織が目標に掲げており、アル＝カーイダもそれ以上に具体的なカリフ制のプログラムを有していたわけではない。アル＝カーイダは、爆弾の製作法や市街戦、大量破壊兵器の使用に関するイスラーム法の規定の教本などは発行していても、カリフ制についての出版物は存在しない。

なお、アル＝カーイダの教本の一つであり二〇〇四年にネット上に発表された『イスラームのグローバルな抵抗への呼び掛け』（二〇〇四年）は、二〇一一年のノルウェーで七七名を殺害し、世界最大の単独犯による殺人事件を引き起こしたキリスト教原理主義者ブレイヴィークにも影響を与えたとも言われている。

アル＝カーイダは、独自の具体的な国家理論は有さず、イスラーム国家と質的に区別されたカリフ制のプランも持ち合わせておらず、ジハードに特化した戦闘集団である。異教徒とのジハードを共通の目的に大同団結しているためイデオロギー色が比較的薄く、それゆえ、アル＝カーイダは、スーフィー教団の背景を持つチェチェン・イスラーム国や、ハナフィー派デオバンディー学派のアフガニスタン・イスラーム首長国（ターリバーン）などのイスラーム国家樹立を志向するスンナ派諸組織のネットワークのハブの機能をも果たすことができたのである。

12　ムラービトゥーンとディーナール金貨

イスラームは普遍宗教であり、民族、人種、言語、国籍を超えた多種多様なネットワークを有しているが、既述の通り、宗教組織を欠くイスラームの特徴から、民族、国籍を超えた国際的と呼べる実態を持つイスラーム政治組織は、既に述べた解放党を除けば、ムラービトゥーン（防人）しか存在しない。

ムラービトゥーンはスコットランド生まれの英国人イアン・ダラスによって一九六七年、英国のノリッチに創設された。イアン・ダラスは劇作家、俳優であったが、一九六七年にモロッコでイスラームに入信し、ダルカウィー教団のスーフィーとなってアブドルカーディル・スーフィーを名乗り、一九七六年に伝統イスラーム学、特にマーリク・ブン・アナスとマディーナ学派の法学、アシュアリー神学、ジュナイドの正統スーフィズムのダルカウィー教団の教えに基づくムスリム共同体の建設とカリフ制の再興を目指してムラービトゥーンの最初のコミュニティーをイギリスのノリッチ、ついでアメリカのアリゾナ、スペインのコルドバとグラナダに新たなコミュニティーを立ち上げた。その後、メキシコ、ロシア、南アフリカ、インドネシアにもコミュニティーが生まれ、現在、メンバーは世界中で一万人を数えると言われる。

ムラービトゥーンがマレーシアのクランタン州で発行したディーナール金貨

　ムラービトゥーンも、カリフ制再興が現在ウンマ（ムスリム共同体）が直面する喫緊の最重要課題であるとみなす。ムラービトゥーンのユニークな点は、カリフ制再興が、イスラーム法の認める正貨であるディーナール金貨を共通通貨とする自律的なコミュニティーの中から生まれると考えることである。ディーナール金貨を正貨とすべき、との議論は解放党も行なっているが、ムラービトゥーンは単に理論として唱えているのではなく、実際にディーナール金貨とディルハム銀貨を鋳造し、東南アジアを中心に地域通貨化をはかっている。

　イアン・ダラスは『カリフ制の復活（The Return of the Khalifate）』の中で、オスマン朝の衰退はメフメト二世の改革期に始まると言う。彼によると、オスマン朝カリフ制は、実のところ戦争に敗れたためでも西欧文明に遅れを取ったためでもなく、紙幣発行権を持つ西欧の中央銀行制度を導入するという過ちを犯したために、債務超過によって破綻したのである。またオスマン朝は実際には、青年トルコ人の革命により一九〇九年にアブデュルハミト二世が廃位され立憲制になった時点で終わっている、とイアン・ダラスは言う。

銀行制度の否定と並んで憲法の否定もムラービトゥーンの特徴である。なぜなら憲法は、いかなる道徳的責任も負うことのない全体主義的で非人間的なシステムに権力を委譲してしまうが、規範秩序を護る責任は生身の人間である元首によってしか担う事ができないからである。

ムラービトゥーンによるディーナール金貨鋳造の提案は、スペイン人の改宗ムスリムであるウマル・ヴァディロによって実現され、マレーシアではクランタン州政府の後押しを受けたディーナール金貨が鋳造、販売され、インドネシアでも同一規格のディーナール金貨が民間会社によって鋳造、販売されている。

スンナ派のカリフ制再興運動のほとんどがサラフィー主義に属するのに対し、ムラービトゥーンは徹底した伝統主義の立場を取り、また創設者のイアン・ダラスが西欧人の改宗者であることから多くの西欧の改宗者を引きつけている。それゆえムラービトゥーンは、西欧とイスラームの双方の伝統を融合し、ムスリム世界の境界をも越えて、地上のどこにでも成立しうるカリフ制の一つの可能性を示しているのである。

13 自称カリフたち

カリフの擁立の義務がイスラーム法のコンセンサスである以上、オスマン朝カリフ制の消滅以来カリフが空位であるならば、カリフを擁立しようと思う者が現れてもおかしくはない。そして事実、これまでに何人もの自称カリフが現れている。

本節では、⑴エジプトの「ムスリム集団（ジャマーア・ムスリミーン）」、別名「タクフィール・ワ・ヒジュラ」、⑵ドイツの「カリフ国家」、⑶ロンドンの「ムスリム集団（ジャマーア・ムスリミーン）」、別名「ジャマーア・ムハージリーン・ワ・アンサール」、の三例のカリフを取り上げる。

（1）ムスリム集団（タクフィール・ワ・ヒジュラ）

ムスリム集団の創立者シュクリー・ムスタファーは、一九六五年にムスリム同胞団の出版物を学内で配布したかどで逮捕され、獄中において教友や四大法学祖をはじめとするいかなるイスラーム学者のファトワー（教義回答）に従うことも禁じ、それを犯すものは不信仰者であると唱えた。彼によるとただ一人の指導者（イマーム、カリフ）をいただくムスリム集団のみがムスリムであり、「ムスリム集団の指導者」に忠誠を誓い、ターグート（邪悪な支配者）や不信仰者たちと絶縁するヒジュラ（移住）の生き方のみが、アッラーによる人類の根絶に際して救済され地球を相続する唯一の道となる。

一九七一年に釈放されるとシュクリーとその信奉者たちは、急速に団員を増やしたが、治安当局の弾圧を招いた。シュクリーは逮捕されたメンバーの釈放などを求めてザハビー元宗教相を誘拐し、要求が聞き入れられなかったため殺害した。シュクリーら五名の指導者は軍事法廷による即決裁判により処刑された。

シュクリーによるとエジプトは不信仰が支配しムスリム集団は権力の迫害を受けており、マディーナへの聖遷以前のマッカでのムスリムと同じくイスティドゥアーフ（被抑圧、弱体）の状態にある。エジプトはムスリム集団を迫害する「ダール・アル＝ハルブ（戦争の地）」であり、外敵イスラエルも内なる敵エジプト政権も敵であることに変わりない。

エジプト政府、エジプト社会からの絶縁を唱えるムスリム集団は、徴兵を拒否するのみならず、政府の役職につくこと、公立の学校に通うことも認めず、国家権力との絶縁はそれなりに徹底したものであった。しかし団員の多くが都市部の家具付アパートで共同生活を送っており、また農業、行商、修理工などの仕事が認められていることから、社会との絶縁は完全なものではなかった。

ムスリム集団のヒジュラには二つの形態があり、団員の一部はイエメンやサウディアラビア、クウェイト等の湾岸諸国に移住していた。この場合には彼らは本国への送金を義務づけられており、湾岸諸国からの送金はエジプト国内のムスリム集団の重要な資金源となっていた。

シュクリーの処刑後、ムスリム集団の幹部の一人ムハンマド・アル＝アミーン・アブド・アル＝ファッタープ（通称アブー・ガウス）はサウディアラビアに逃亡し、残党を再組織化して新しいイマーム（カリフ）となった。アブー・ガウスは、世界中でムスリム集団の団員のみがムスリムであり、団員以外の全人類が不信仰者であることを改めて強調し、ムスリム集団の団員にはアブー・ガウスがシュクリーから継承した以下の六つの掟の遵守が課せられた。

(1)イマーム以外はファトワー（教義回答）を出さない。(2)イマームの許可なく結婚しない。(3)組織の維持のため、全団員は年収の三分の一をイマームに収める。(4)イマームの許可なく外国に移住（ヒジュラ）しない。(5)これらの掟に背いただけでは団員はタクフィールはされない（不信仰者とはみなされない）。(6)掟に背いた者は悔い改めるまで団からの追放の刑を受ける。

しかしアブー・ガウスの独裁と組織の資産の私物化に対し、一九九四年初頭、創立メンバー九名は協議の結果アブー・ガウスをタクフィールし、ワヒード・ウスマーン（小児科医）を世界各国に散らばる団員全ての新しいイマームに選び、ファックスや電話によって団員の九〇パーセントは「ムスリム集団に入会しイマームに忠誠を誓うことによってのみ人はムスリムとなる。」との原則を再確認した上で、新イマーム・ワヒードに忠誠を誓い、既述の六つの掟を廃止した。

ワヒード自身が必要に迫られてシャルキーヤ県のバルビースの保健所で小児科医として働いているが、「ムスリムになりたいと望む者はイスラームを実践し、礼拝し、斎戒するだけでは十分ではない。ムスリムになるためにはわれわれに加わり、われわれの前で信仰告白を唱え、私（ワヒード）を全てのムスリムのイマームと認めて忠誠を誓わねばならない。」と述べ、「エジプトがもしシャリーアの全てを施行すればムスリム集団は社会復帰するか。」との問いに対しては「エジプトが明日からシャリーアを施行しようとも、そんなことにわれわれは関心はない。……世界の為政者たちの誰であれ、まず為政者がわれわれのムスリム集団に加入し、われわれの前で信仰告白を唱え、私を全てのムスリムのイマームと認めて聴き従うとの忠誠を誓わねばならない。」と述べている。

ムスリム集団は、アッラーに帰依するとはいかなる対象に従うことなのか、権威とすべきは何か、が信仰の要であると考える。イマーム、カリフによってこそ人はムスリムとなる、とはそういうことである。

（2）カリフ国家

カリフ国家（Hilafet Devleti）は、トルコ人のジャマルッディン・カプランによって一九九四年ドイツのケルンで設立された。ジャマルッディン・カプランはアダナのムフティー（教義諮問官）であったが、ミッリー・ギョリュシュ運動の指導者エルバカンの勧めでドイツに渡った。しかしミッリー・ギョリュシュの選挙への参加をめぐって、ヒズブ・アッラー（神の党）以外の政党を認めないジャマルッディン・カプランは一九八三年にミッリー・ギョリュシュ運動を脱退し、一九八四年に「イスラーム組織集団協会 Islami Cemiyetler ve Cemaatler Birligi, ICCB」を立ち上げ、一九九四年にはカリフ国家を樹立し、「信徒たちの長」カリフを名乗った。

ジャマルッディン・カプランが一九九五年に死ぬと息子のメティン・カプランが後を継いでカリフに就任したが、カリフ位をめぐって争いが生じ、カリフを名乗ったイブラヒム・ソフが殺されるとメティンは殺人教唆で有罪となり入獄し、二〇〇一年にはドイツでカリフ国家は非合法化された。

（3）ムスリム集団（ジャマーア・ムハージリーン・ワ・アンサール）

ヨルダンの医師で、預言者ムハンマドの末裔でありムスリム同胞団員でもあったムハンマド・リファーイー・フサイニーは、アフガニスタンでの旧ソ連軍とのジハードへの参加から帰国した後、一九九〇年に湾岸戦争に抗議して同胞団から追放され、またヨルダン当局に逮捕され、一九九一年イギリスに亡命した。亡命したDr. リファーイーの支持者たちは「ジャマーア・ムハージリーン・ワ・アンサール（亡命者たちと地元の支援者たちの集団）」と呼ばれたが、リファーイーは一人のイマーム（カリフ）の下にムスリムの統一を果たすために、彼らとバイア（忠誠誓約）を交わしてイマームに就任し、彼らは「ムスリム集団」を名乗ることになった。

リファーイーは、シリアで内戦が起きると弟子のアブー・ウマル・クウェイティーを派遣したが、二〇一四年にリファーイーが死去し、アブー・バクル・バグダーディーがカリフに就任し、「イスラーム国」の樹立を宣言すると、クウェイティーはアブー・バクル・バグダーディーとバイアを交わしたと言われる。

14 「9・11」からイスラーム国の成立へ

二〇〇一年九月一一日に起きた米本土への同時多発攻撃はアル＝カーイダの名前を世界に高らしめた。そしてアメリカは「対テロ戦争」に引き込まれ、二〇〇一年一〇月にはアフガニスタンに侵攻し、アフガニスタン・イスラーム首長国を崩壊させ、二〇〇三年三月にはイラクに侵攻し、サッダーム・フサイン政権を打倒した。

しかしアフガニスタン・イスラーム首長国のゲリラ活動は収束せず、二〇一三年春にはアメリカはカタールにアフガニスタン・イスラーム首長国の看板を掲げる政治事務所の開設を認め、二〇一四年にはアメリカはアフガニスタン・イスラーム首長国との直接交渉による捕虜交換に応じることになった。

イラクではアメリカ軍によるイラク占領におけるイラク市民への虐待、イラクの富の収奪の実態が明らかになり、イスラーム世界で反米感情と共にイスラーム意識が高揚し、ビン・ラーディンからアメリカに占領されたと非難されたサウディアラビアは、二〇〇三年には駐留米軍を全て撤収させた。米国が引きずり込まれた対テロ戦争の最大の受益者が、シーア派及びイランであることには疑念の余地はない。隣国でペルシャ語文化圏であるアフガニスタンでは、アフガニスタン・イスラーム首長国（ターリバーン政権）崩壊後、もともとターリバーン政権と対立しておりアメリカと組んでターリバーン同盟を倒しカルザイ政権の中核となった北部同盟を支援していたイランが、政治、経済、文化、宗教の全ての領域で大きな影響力を持つにいたっている。

　またイラクでは、サッダーム・フサイン政権が崩壊すればシーア派が政権を掌握することは専門家の間では常識であったが、戦争開始後、イランのシーア派の間で最も政治的影響力を有する人物は、ナジャフ在住のイラン人の大アーヤトゥッラーでイラク・シーア派宗教界の最高権威アリー・スィースターニーであることが明らかになった。スィースターニーは、彼の師で死ぬまで政治的静寂主義を保ったフーイーとは異なり、政治に積極的に関与し、占領軍への無抵抗、憲法の承認、スンナ派との内戦の忌避、選挙への参加などを呼びかけ、強い指導力を発揮してイラクのシーア派の立場の強化に努めた。またイラクで大きな勢力を有する「イラク・イスラーム最高会議」は、一九八二年にイラクの高位イスラーム学者ムハンマド・バーキル・アル＝ハキーム〔二〇〇三年没〕が亡命先のテヘランで設立した「イラク・イスラーム革命最高会議」を母体としており（二〇〇七年改称）、本来イラン型のイスラーム革命を目指す組織であった。イラクのシーア派の間でヘゲモニーを握ったのは、世俗派ではなく宗教勢力であった。

アメリカとサッダーム・フサインの戦いで漁夫の利を得たシーア派とイランの勢力の伸張は、スンナ派アラブ諸国から脅威とみなされた。シーア派がイランからイラクを経てレバノンに伸びる「シーア派三日月地帯」の勢力圏を形成するとの二〇〇五年のヨルダンのアブドゥッラー国王の警告は、このスンナ派の懸念の表現であった。イラクはもともと人口的にはシーア派が多数派を占めていたが、サッダーム・フサイン政権下では、エスニックなスンナ派が政治的実権を握っていた。ところが、アメリカ占領軍は、サッダーム・フサイン政権下で迫害されていたエスニックなシーア派を重用した。

このアメリカによるイラクの占領の展開は、サラフィー主義者には特別な意味を持った。サラフィー主義の祖イブン・タイミーヤの弟子イブン・カスィール〔一三七三年没〕はその歴史書『初めと終り（*al-Bidāyah wa-al-Nihāyah*）』の中で、アッバース朝のカリフ・ムスタアスィムの大臣で一二イマーム・シーア派だったイブン・アルカミーが、スンナ派を滅ぼすためにフレグに内通してカリフ軍を弱体化してモンゴル軍をバグダードに引き入れ、そのためバグダードは陥落しカリフ・ムスタアスィムは殺され、スンナ派カリフ制は滅亡した、と述べている。つまり、かつて一二イマーム・シーア派がスンナ派を滅ぼすためにスンナ派カリフの座であったバグダードに異教徒のモンゴル軍を引き入れたように、今また一二イマーム・シーア派がスンナ派を滅ぼすためにイラクに異教徒の米軍を引き入れた。サラフィー主義者の目には、アメリカのイラク支配は、モンゴルによるアッバース朝カリフ制の滅亡と重なって映ったのである。

それゆえイラクには、アメリカが侵攻しサッダーム・フサイン政権が崩壊し、米の傀儡政権で一二イマーム・シーア派が首相のポストを手にし実権を握ると、異教徒の外国人の占領軍と並んで一二イマーム・シーア派と戦うために、もともとシーア派を主要敵とするサラフィー主義者、ワッハーブ派の義勇兵（ムジャーヒディーン）が集まることになった。

こうしたムジャーヒディーンの中に、アフガニスタンから転戦したサラフィー・ジハード主義のアブー・ムスアブ・ザルカーウィーがいた。彼らは当初「タウヒードとジハード団」を名乗ったが、二〇〇四年一〇月には、ビン・ラーディンとバイアを交わし、組織名を「二大河の国（イラク）のアル＝カーイダ」に改名した。二〇〇六年六月にザルカーウィーは殺害され、アブー・ウマル・バグダーディー・フサイニーが第二代の指導者に就任した。こうした状況下、二〇〇六年七月にビン・ラーディンの「カリフの古都バグダードのジハード戦士の兄弟たちよ、カリフ制の中核を作り出す機会を見逃すべきではない。」との呼びかけがなされ、次いで二〇〇六年一〇月に「イラク・イスラーム国」の樹立が宣言され、アブー・ウマル・バグダーディーが初代の「信徒たちの長」になった。

既述の通り、二〇〇六年にはイスラーム世界のカリフ制復興の潮流は欧米の視界にも入るまでになっていた。カリフ制復興の義務を世界に弘めるにあたって最も大きな役割を果たしたのは解放党であったが、もっとも世界の注目を集めたのは二〇〇七年の夏にジャカルタのゲロラ・ブン・カルノ・スタジアムで一〇万人の参加者を集めて世界にビデオ中継された、解放党主催の世界カリフ会議であった。

イラク・イスラーム国は、二〇一〇年に初代「信徒たちの長」アブー・ウマル・バグダーディーが殺害され、アブー・バクル・バグダーディーが第二代の「信徒たちの長」に就任した。おりから、二

イスラーム国のミンバジュ市に掲げられたアブー・バクル・バグダーディーのカリフ就任宣言の横断幕（2014年9月10日撮影）

〇一〇年末にチュニジアから始まったいわゆる「アラブの春」は二〇一一年になるとシリアに飛び火し、反政府武装闘争が始まり、イラク・イスラーム国はシリアに二〇一二年にフロント組織として「シャームの民のヌスラ（支援）戦線」を設立した。アラブの春によってアラブ諸国の独裁政権が倒れ言論が自由化される流れの中で、アラブ諸国ではそれまで禁じられてきたカリフ制再興の議論が解禁され、シリアでも解放党を中心に、カリフ制再興を目標にかかげるデモが各地で行なわれた。そうした中でイラク・イスラーム国は、二〇一三年四月にはシャームの民のヌスラ（支援）戦線と同組織を合併して「イラクとシャームのイスラーム国（ＩＳＩＳ）」の樹立を宣言した。

それに対してシャームの民のヌスラ（支援）戦線の指導者ジャウラーニーとアル＝カーイダの指導者ザワーヒリーは、時期尚早であると合併を拒否したため、イラクとシャームのイスラーム国（ＩＳＩＳ）とシャームの民のヌスラ（支援）戦線は分裂した。

そしてイラクとシャームのイスラーム国（ＩＳＩＳ）は二〇一四年六月一五日にイラク第二の都市モスルを陥落させると、六月二九日にアブー・バクル・バグダーディーのカリフ就任、カリフ制の再興と「イスラーム国」の樹立を宣言したのである。

アブー・バクル・バグダーディーのカリフ就任は周到に用意されたものであった。即ち、シリアでラッカ州の行政を完全に掌握して国家の体裁を整え、続いてデリゾール県のシリアとイラクとの国境を確保した後、イラク第二の都市モスルを陥落させ、イラク・シリア間の国境の廃棄によりサイクス・ピコ協定を打破し、領域国民国家システムを否定して二ヵ国に跨《また》がる実効支配を実現して初めて、ムスリムのイスラーム意識が最も向上するラマダーン月の開始にあわせてカリフ制の再興を宣言したのである。

5 カリフ制再興の現在——イスラーム国の歴史的位置

1 カリフ制は再興されたのか

「二〇一四年六月のアブー・バクル・バグダーディーのカリフ位就任、イスラーム国の樹立の宣言をもって、カリフ制は再興されたのか」、「イスラーム国の樹立をもって、カリフ制が再興されたか」、との問いはイエスかノーで答えられるようなものではない。

この問いに答えるには先ず、「イスラームには誰がムスリムであるのか、教義が何か、を決める権威ある『公式な』人も機関も存在しない」、との既述のイスラームの本質的特徴を思い起こさなければならない。イスラーム協力機構（ＯＩＣ）や世界イスラーム連盟、アズハル機構といったイスラーム団体、あるいはアズハル総長、サウディアラビア王国最高ムフティー（教義諮問官）といった宗教権威者にお伺いを立てればよい、といった発想は捨てる必要がある。

そもそも初代カリフ・アブー・バクルのカリフ就任は、サーイダ族の広間でのクライシュ族のマッカからの亡命者とマディーナで彼らを迎えた援助者たちの有力者によるバイアと、翌日のマディーナの住民たちによるバイアにより定まった、とされる。しかしそれは後世からの遡及的視点によるものであり、もしもアブー・バクルのカリフ位を認めないアラブ遊牧諸部族、偽預言者たちとの「背教」戦争にアブー・バクルが敗れていたなら、カリフの名が歴史に残ることもなく、カリフ制が成立した、という事実もなかったことになっていたことであろう。さらにアリーとムアーウィヤの戦いでアリーが勝利していれば、遡及的に預言者ムハンマドの正統な無謬の後継者（カリフ＝イマーム）はアリーであったことになり、アブー・バクルはアリーのカリフ位の簒奪者の汚名を着せられ、アブー・バクル以下、ウマル、ウスマーンのカリフ位はそもそも存在しなかったことになっていたであろう。

またスンナ派神学、法学は、カリフが神によって任命されるわけではなく人間が選ぶ、と定めているが、誰がカリフを選ぶか、カリフを選ぶ者の人数は何人か、などについては具体的には決まっていない。さらに、スンナ派法学はカリフ条件、カリフ位締結手続きに瑕疵《かし》があっても、武力で実効支配を確立した者のカリフ位の正当性を認めるようになるので、カリフ条件、カリフ位締結手続きは事実上空文化する。それゆえ誰がカリフであるかは、イスラーム学の規定に照らせば自動的に分かる、というようなものでもない。

イスラームは、「誰がカリフであるか」を決める人間や機関を制度的に設けることはしなかった。カリフ制は、人間の心の外のどこかに「対象として（objectively）」存在するのではなく、ムスリム一人一人の心の中に、いわば「主体的に（subjectively）」存在する。

オスマン朝の滅亡はカリフ制の消滅を意味するのか。そもそもオスマン朝はカリフ制であったのか。オリエンタリストの歴史家には、セリム二世のカイロ・アッバース朝のカリフからの譲位を伝説であったとして否定し、オスマン朝がスルタン＝カリフ制になるのは一八世紀後半であるとして、オスマン朝カリフ制自体を認めない者もある。

「カリフ（イマーム）」とはイスラーム学によって定義を与えられたイスラーム学の概念であり、カリフ制とは一義的にはイスラーム学者の心の中にあるのであり、イスラーム学者がカリフ制の擁立義務を承認している限りカリフ制は存在している、と筆者は考える。

既に述べた通り、カリフ擁立義務は古典イスラーム法学の定説であり、それらの古典イスラーム学のテキストは、オスマン朝期も今日も、世界各地のイスラーム教育機関で教え続けられているのである。カリフ擁立義務が、現代に書かれた最も浩瀚なイスラーム法学百科事典にも明記されており、それがサウディアラビアのイスラーム問題・寄進・宣教・善導省の公式ホームページに掲載されていることは既に記した。カリフ制は現在に至るまで存在しているのである。

カリフ制度が存在することと、カリフが空位であることとは、別のことである。カトリックでも、一二六八年からクレメンス四世の死後一二七一年に次代教皇が決まるまで教皇は空位だったが、それはその間、教皇制が消滅したことを意味しない。制度的に教皇を選任する機関が存在するカトリック教会と違いイスラームにはカリフを選ぶ機関は存在しないため、オスマン朝消滅という異常事態への対応が遅れており、空位期間が長引いているが、カリフ制自体は現在も存在している。カリフ擁立の義務を果たすべく務めている者は常に存在しつづけている。そのようなカリフ擁立運動において最も活動的であったのは解放党であり、ウンマ（ムスリム共同体）の認知を得ることはできなかったとはいえ、ムスリム集団（タクフィール・ワ・ヒジュラ）やカリフ国家（カプランジュ）によるカリフ就位も、そうした努力の一環であり、その最も新しく大規模な試みが二〇一四年のイスラーム国の樹立宣言であったのである。

カリフ制はどこかに「客体として（objectively）」存在するわけではなく、人々が心の中に「主体的に（subjectively）」構成するものである以上、イスラーム国の樹立をもって永らく空位であったカリフの座がアブー・バクル・バグダーディーによって占められ、「カリフ制が再興されたか否か」の答えは、他の誰でもないムスリムたちのコミットメントにかかっているのである。

2　イスラーム国とアブー・バクル・バグダーディー

アブー・バクル・バグダーディーの履歴ははっきりしない。

本名はイブラーヒーム・ブン・アワド、一九七一年サーマッラーに生まれる。預言者ムハンマドの孫フサインの血統とも言われる。サーマッラーのイブン・ハンバル・モスク、バグダードのクバイスィー・モスクなどの導師を務めたが、バグダード・イスラーム大学で博士号を取り、ティクリート大学で教鞭を取ったとも言われる。二〇〇四年一月から二〇〇六年一二月まで米占領軍により収監されていたが、釈放された後、イラク・イスラーム国の前身である「二大河の国（イラク）のアル＝カーイダ」に加入し、イラク・イスラーム国の初代指導者アブー・ウマル・バグダーディーが二〇一〇年に死ぬと第二代指導者となり、二〇一三年にイラクとシャームのイスラーム国の指導者となり、二〇一四年にイスラーム国の長、カリフ位に就任した。

既述の通りイラク・イスラーム国はアル＝カーイダの戦略の中で地域的イスラーム政権として誕生したが、二〇〇六年のビン・ラーディンの呼びかけ「カリフの古都バグダードのジハード戦士の兄弟たちよ、カリフ制の中核を作り出す機会を見逃すべきではない。」とある通り、将来のカリフ制の中核たることが当初より意識されていた。それを裏付けるように、イラク・イスラーム国の初代指導者アブー・ウマル・バグダーディーは既にカリフ条件のクライシュ族の出自を満たすことを示す預言者の末裔の姓フサイニーを名乗っており、アブー・バクル・バグダーディーもフサイニーを名乗っている。

そしてイスラーム国は、アブー・バクル・バグダーディーの学歴などについてはほとんど明らかにしていないが、預言者の血を引くクライシュ族の出自はことさらに強調している。またイスラーム国がSNSを通じて、イスラーム法の定めるカリフ条件についてもクライシュ族の出自だけについてスンナ派四法学派の学説を詳述しており、同時に武力によって実効支配を確立した覇者のカリフ位の正当性を論証していることは注目に値する。

クライシュ族の出自はスンナ派四法学派全てがカリフの条件に数えるが、イスラーム国がアブー・バクル・バグダーディーがクライシュ族の出自であることを強調するのは、ムスリム諸国の支配者の中で彼が最もカリフ位に相応しいことを証明するためであると思われる。つまりスンナ派世界の覇権争いでライバルになり得る、⑴マッカ、マディーナの二大聖地を擁するワッハーブ派宣教国家サウディアラビア国王、⑵アラブ一の人口大国でスンナ派イスラーム学の最も権威ある学府アズハル機構があるエジプトのスィースィー大統領、⑶オスマン朝の継承国家トルコの大統領で、同国の進路を世俗主義からイスラーム主義に舵をきったエルドアンは、いずれもカリフのクライシュ条件を満たしていないからである。

またスンナ派四法学派はいずれも、実効支配の確立を、カリフ選挙人による選挙、前任カリフによる指名、と並ぶカリフ位締結の合法手続きの一つに数えている。カリフ制オスマン朝消滅後、ヨーロッパの宗主国から独立を許され、領域国民国家システムから領地を割り当てられたムスリム諸国の支配者たちは、イスラーム学の実効支配の確立によるカリフの支配の正当性の議論を領域国民国家の支配者の正当化の議論にすり替えることで保身をはかり、カリフ制に関する自由な学問研究を抑圧する愚民政策で命脈を保ってきた。

ところがイラクとシャームのイスラーム国は、領域国民国家システム内のいかなる国家との盟約もなく独力で、シリアのラッカ市についでイラク第二の都市モスルを掌握し、シリアとイラクの国境を制覇し、シリアとイラクに跨《また》がる領土を確保することに成功したのである。

つまり、アブー・バクル・バグダーディーは、イラクとシャームのイスラーム国の指導部によって選ばれた、クライシュ条件をも満たすカリフであると同時に、領域国民国家システム自体に挑戦しサイクス・ピコ協定体制を武力闘争によって破棄し実効支配を確立した覇者としても、全てのムスリムにとって服従が義務となる正当なカリフである、とイスラーム国は述べているのである。

既に述べた通り、ウンマ（ムスリム共同体）の宗務と政務の要であるカリフを擁立しバイアを交わすことは全てのムスリムの連帯義務であり、カリフが不在であればウンマ全体が罪に陥ったことになる。そしていったん一人のカリフが立てば、その後にカリフを僭称した者は処刑されなければならない。

オスマン朝消滅後カリフが不在であることは、ウンマ全体が罪に陥るため、解消が急務である由々しき事態であった。それゆえ一人のカリフが擁立されたなら、全てのムスリムはそのカリフとバイアを交わさなければならない。そうであるならば、イスラーム国のアブー・バクル・バグダーディーが全てのムスリムが従うべき唯一の正当なカリフであるか否かが問われなければならないことになる。

しかし、イスラームには聖職者もおらず、教義を決める教皇や公会議も存在しないため、その判断はムスリム一人一人に任されることになるが、重要なのはアブー・バクル・バグダーディーはオスマン朝滅亡後、カリフを名乗った最初の者ではないことである。

世界のムスリムたちがカリフとして認知しなかったワヒード・ウスマーン、ジャマルッディン・カプラン、メティン・カプラン、ムハンマド・リファーイーのようなそれまでのカリフの僭称者たちとアブー・バクル・バグダーディーも同じであるのか、それとも彼はそれらの者とは違い、全てのムスリムがバイアを交わすべきウンマを統べる唯一の正当なカリフなのか。

カリフの第一の別称は「信徒たちの長」であり、カリフの第一の存在理由はジハードの遂行である。ジハードの遂行がカリフの任務であるのは、ジハードが戦争を行ないうる物理的な力、武力を持つ者がカリフだからである。そして強盗や姦通などに対するイスラーム法定刑（フドゥード）を施行するのにも物理的な力、武力が必要であり、それができる者がカリフであり、そもそもジハードによって外敵からウンマ（ムスリム共同体）とイスラームを護り、法定刑を執行することでウンマの中でイスラーム法に背く者を懲戒することができないなら、カリフが存在する意義はないのである。

ワヒード・ウスマーンのムスリム集団はタクフィール・ワ・ヒジュラの異名で知られるように、マディーナにヒジュラ（移住）する以前のマッカ時代を範とし、不信仰のエジプト社会からヒジュラ（移住）し、彼らのイマーム（カリフ）であるワヒードの指導の下に孤立して暮らすが、ワヒード自身がエジプト社会の中で医師として暮らしており、エジプト政府とジハードを行なうこともなく、イスラーム法定刑（フドゥード）を執行することもない。

ジャマルッディン・カプラン、メティン・カプランのカリフ国家、ムハンマド・リファーイのムスリム集団は、ムスリム世界の外の異教徒の地ドイツのケルンとイギリスのロンドンに、ジハードによって征服したのではなくムスリム世界の弾圧を逃れて移住したのであり、ジハードは言うに及ばずイスラーム法を施行することも許されていない。

エジプトのムスリム集団（タクフィール・ワ・ヒジュラ）、ドイツのカリフ国家（カプランジュ）、イギリスのムスリム集団などは実態は一宗教団体に過ぎず、ワヒード、メティン・カプラン、リファーイーはイマームやカリフを名乗ろうとも一宗教団体の長にすぎなかった。カリフではなく選挙で選ばれるカリフの候補としてみた場合でも、ワヒードやメティン・カプランはカリフのクライシュ条件を欠くならカリフ候補者になる資格もなく、預言者の末裔でカリフ条件を満たしていたリファーイーの後継者はイスラーム国のアブー・バクル・バグダーディーに既にバイアを交わしたと言われている。

こうしてカリフとして過去に認知されなかった僭称者たちと比較した場合、アブー・バクル・バグダーディーとイスラーム国の違いは明らかであるように思える。それは、イスラーム国が、イスラーム法のカリフ条件を詳細に研究した上で、このタイミングでアブー・バクル・バグダーディーをカリフに選ぶことによってウンマ全体にかかるカリフ擁立義務を果たすことになるとの熟慮の結果、カリフ制再興を宣言したとみられることである。

まず、カリフ・イスラーム国の前身であるイラク・イスラーム国は、ビン・ラーディンの呼びかけに答え、将来のカリフ制再興の中核を担う国家として出発した。イラク・イスラーム国は、カリフのクライシュ条件を満たす預言者の末裔のアブー・ウマル・バグダーディーを初代首長に選んだ。イラク・イスラーム国は当初よりアブー・ウマル・バグダーディーのクライシュ族の出自を強調しており、イラク・ウオッチャーの間では、イラク・イスラーム国がカリフ制を射程に入れていることは周知であった。アブー・ウマル・バグダーディーの殺害後、イラク・イスラーム国はやはりクライシュ条件を満たすアブー・バクル・バグダーディーを二代目首長に選んだ。

イラク・イスラーム国は、二〇〇六年の建国以来、アメリカとイラク政府のイラク・イスラーム国対策により支配地を拡大できず、イスラーム国の名称にもかかわらず、行政府としての実体があることを示すことができずにいたのが実情であった。事態を変えたのが隣国シリアでの内戦であり、イラク・イスラーム国はメンバーをシリアに送りこみ、フロント組織としてシャームの民のヌスラ（支援）戦線を設立した。シャームの民のヌスラ（支援）戦線は市民の支持を得て、無政府状態となった地域で政府に代わって配給品の分配などの行政機能を果たし、イスラーム法廷などを設立し、徐々に行政府の実体を整えていった。二〇一三年にシャームの民のヌスラ（支援）戦線がラッカ市を完全に掌握すると、イラク・イスラーム国は、ラッカ市が首都機能を担い国家の体裁を整えることができると判断し、イラク・イスラーム国をシャームの民のヌスラ（支援）戦線と合併し、イラクとシャームのイスラーム国の樹立を宣言したのである。イラクとシャームのイスラーム国の樹立には、シャームの民のヌスラ（支援）戦線のジャウラーニー司令官が同意せず、ジャウラーニーはアル＝カーイダ総帥Dr.ザワーヒリーに仲裁を求めた。ザワーヒリーは合併を認めなかったが、アブー・バクル・バグダーディーはイラクとシャームのイスラーム国樹立を撤回せず、アル＝カーイダ傘下のシャームの民のヌスラ（支援）戦線とイラクとシャームのイスラーム国の分裂は決定的になった。

実は分裂の背景には、ジャウラーニー司令官はアル＝カーイダ総帥ザワーヒリーとイラク・イスラーム国のアブー・バクル・バグダーディーの二人とバイア（忠誠誓約）を交わしていたが、アブー・バクル・バグダーディーはザワーヒリーとバイアを交わしていなかったことがあった。

イラク・イスラーム国の前身、二大河の国（イラク）のアル＝カーイダは二〇〇四年にザルカーウィーが当時のアル＝カーイダ総裁ビン・ラーディンとバイアを交わすことで成立し、二〇〇六年にザルカーウィーが殺害されて跡を継いだアブー・ウマル・バグダーディーもビン・ラーディンとザワーヒリーとバイアを交わしていたが、二〇一〇年にアブー・ウマル・バグダーディーが殺害された後にイラク・イスラーム国の首長に就任したアブー・バクル・バグダーディーはザワーヒリーとバイアを交わさなかった、と言われている。

後知恵になるが、アル＝カーイダとイラク・イスラーム国は共に、複数の地域レベルのイスラーム国の存在の可能性を認め、そのようなイスラーム国の大同団結によりいずれかの時点でカリフ制を樹立しようとの戦略、国家観を共有するが、カリフ制樹立のタイミングの認識が異なっていたと思われる。ザワーヒリーはカリフ制の再興はアル＝カーイダのロードマップ二〇一三―二〇一六年の期間内でまだ少し先のことと考えていた。一方、アブー・バクル・バグダーディーは、同じロードマップの期間内で、シリアのラッカ市で行政の実績を積んだ上で、旧バアス党のスンナ派転向勢力と共謀し慎重に準備を進め、イラクとシリアの国境の掌握と同時進行的にイラク第二の都市モスルを攻略し、ラマダーン月開始のタイミングを見計らい、サイクス・ピコ協定体制を打破し、実力（武力）で領域国民国家システムの干渉を排して、シリアのラッカからイラクのモスルに至る「二ヵ国」に跨《また》がる領域で軍事と行政の実効支配を確立した、と最低限主張しうる条件を既に整えたと判断し、カリフ就位とカリフ国家樹立を宣言したのである。

3　グローバリゼーションとイスラーム国

イスラーム国には約一―二万人の「外国人」兵士がいるが、そのうち約三千人が欧米のパスポート所有者であると言われている。イスラームは普遍宗教であり、国籍を超えたネットワークが存在するのは今に始まったことではない。アフガニスタンの対ソ連ジハードにアラブ諸国からアラブ・ムジャーヒディーンと呼ばれる義勇兵が参集し、彼らが後のアル＝カーイダの原型となったことはよく知られている。しかしアフガニスタンのジハードに参集したムジャーヒディーンたちのほとんどがアラブ、ムスリム諸国からであったのに対し、二一世紀のイスラーム国においては、ムスリム人口の比率を考慮すれば、欧米からの参加者の多さが際立っている。

二〇世紀にはイスラーム国際運動は国籍を超えるものではあったが、基本的にはムスリム世界の域内にとどまっていた。しかし、二一世紀のイスラーム国は、ムスリム世界の境界を越えたグローバルな運動となっている。その意味で、イスラーム国は、まさにグローバリゼーション、つまりIT技術の発達に支えられた米国主導の技術、資本、情報、人間の世界規模での流通の加速化の落とし子に他ならない。

イスラーム国は「戦士」の国であり、必然的に若者たちが主体であるが、彼らは子供の頃からマドラサ（イスラーム神学校）に寄宿し古典イスラーム学の学習とモスクでの崇拝、修行に専心してきたアフガニスタン・イスラーム首長国（ターリバーン）のようなイスラーム学徒ではない。イスラーム国には、かつては『るろうに剣心』のコスプレーヤーだったというシベリア出身のタタール系ロシア人がいるが、実は彼らムジャーヒディーンの多くは、SNSで日常的にコミュニケーションをはかり日本を含む西側諸国が発信するグローバルな文化を共有する若者なのである。

通時的にイスラーム思想史の中に位置付けるなら、イスラーム国は一九五〇年代の人定法批判に遡りうるサラフィー・ジハード主義の系譜上にあるが、それはコインの片面に過ぎない。イスラーム的なレトリックに目を奪われず、イスラーム国が二一世紀におけるグローバリゼーションの過程で生まれた若者文化の現象形態の一つでもあるとの共時的側面の認識を欠いては、その実態を見誤ることになる。

イスラエルによるパレスチナ人に対する弾圧だけでなく、ミャンマーでのロヒンギャ人の迫害、中国のウイグル人への迫害など、従来は知る者の少なかったムスリム・マイノリティーへの迫害も、今では即座にネット上にあげられ、ウンマ（ムスリム共同体）全体の問題として表象され、世界中に拡散され、ウンマ全体による解決が求められる。ウンマが抱える問題が世界各地に住むムスリムたちの間で広く共有され、ムスリムが一致団結してそれを解決する力を持つべきだとの政治意識が醸成されたこともまた、グローバリゼーションがイスラーム国の誕生に与えた影響であろう。

インドネシアやフィリピンのジャングルでゲリラ戦を戦っているムジャーヒディーン組織からの、「カリフ」アブー・バクル・バグダーディーにバイアを捧げるYouTubeの映像が、あっという間にSNSで世界中に拡散されるのも、間違いなくグローバリゼーションの産物と言えよう。

イスラーム国は一日あたり約二〇〇万ドルの原油を自由市場で販売しているとも言われたが、これもまた貿易自由化の促進、「新自由主義」を標榜するグローバリゼーションの賜物と言えるであろう。

米国主導の新自由主義イデオロギーと結びついたグローバリゼーションは、世界各地で社会格差、貧富の差の拡大を生んだが、その結果、グローバリゼーションに対する反動としてかえってナショナリズムが強まる傾向が世界的に見られる。ヨーロッパでも「低賃金で働く外国人労働者が自分たちの仕事を奪い、労働条件を悪化させている」と言い、外国人に社会格差の拡大の責任を転嫁する外国人排斥の主張が市民権を獲得しつつあるが、ヨーロッパでは外国人排斥の主要ターゲットになったのがムスリム系移民であった。そしてムスリム系移民への差別に対する怒りがヨーロッパのムスリムをイスラーム国への移住に駆り立てる一因となっている、という意味においても、イスラーム国の成立はグローバリゼーションの副産物とも言えるのである。

4　なぜ二〇一四年にイスラーム国は樹立されたのか

なぜ二〇一四年六月のこの時期にイスラーム国が樹立されたのか。実はこれは、問いの立て方が間違っている。むしろ正しくは、なぜ一九二四年以来これまでカリフは空位のままであったのか、が問われねばならないのである。

二〇世紀の初頭には、世界は全て西欧が生み出した領域国民国家システムに組み込まれており、オスマン朝が滅亡した時点で、もはやムスリム世界には、この領域国民国家システムから独立を維持できる勢力は残されていなかった。

領域国民国家システムとは、支配者たちが国境という柵で自分の利権を囲い込み、そのお互いの縄張りを荒らさないと取り決めた支配者たちのカルテルである。それゆえ、支配の越境は厳しく禁じられる一方、システムによってカルテルのメンバーであると認められさえすれば、いかに国家運営に失敗した政権といえどもその支配の正当性が認められる。

アフガニスタンとイラクをアメリカが侵略して樹立した傀儡政権は強権政治と汚職によって統治能力を失い、両国は破綻国家となったが、領域国民国家システムにより認知されているが故に、システム（国際社会）から今もなお、経済的、軍事的、政治的、外交的支援を受けて、有害無益な蕩尽を続けている。

カリフとは預言者の代理であるとともに、地上における神の支配の代行者とされたアーダムの称号でもあった。カリフとは、アッラーの大地の主権の代行者、即ち、大地と人類を偶像崇拝から解放し、主権をアッラーに帰す任務を帯びた者である。カリフ制の使命が大地と人類の解放にある以上、カリフ制と領域国民国家システムは本質的に対立することになる。

領域国民国家システムにとってカリフ制は、自らの存在を根底から否定する脅威であり、許しがたい敵であるが、オスマン朝消滅以降カリフ制の再興を妨げてきたのは、領域国民国家システムの中枢、欧米ではなく、むしろムスリム世界におけるそのエージェントたちであった。

「アラブの春」が明らかにした通り、中東、ムスリム世界には、腐敗し言論と政治活動を弾圧する強権的な政権しか存在しなかった。カリフ制の樹立はこれらの政権全てから権力と利権を剥ぎ取ることになるため、これらの国々の全ての支配者たちは、カリフ制再興に関する言論を厳しく抑圧し、一切の議論を禁じてきた。

イスラームの教えを体現し「預言者の相続人」の名に相応しいウラマーゥ（イスラーム学者）がもはやいない、という事態は、既に一四世紀にイブン・ハルドゥーンが指摘した通りであり、現在のムスリム世界のウラマーゥが、自らの保身、立身出世のために真実に口を噤《つぐ》み権力に諂《へつら》う曲学阿世の御用学者、茶坊主揃いであることは驚くに足らない。

領域国民国家システムの傀儡であるムスリム諸国の支配者たちがカリフ制再興の言説を抑圧し、曲学阿世の御用学者たちがその抑圧に屈し口を噤《つぐ》んできたために、イスラーム学の素養を欠くムスリム大衆は、一人のカリフを擁立しカリフ制の下にムスリム世界が一つに纏《まと》まる義務があることすら知らされないままにきた。これがカリフがこれまで空位であり、カリフ制が再興されなかった理由である。

ハンバリー派法学祖イブン・ハンバルは以下の預言者ムハンマドの言葉を伝えている。

「預言者ムハンマドは言われた。『イスラームを知る者はいなくなり、人々は無知な者たちを頭に仰ぐようになり、これらの無知な指導者たちは問われるままにイスラームの知識もなく教義判断を下し、自ら迷妄に陥ると同時に人々をも惑わす。』」

「預言者ムハンマドは言われた。『食事客たちが大盆に互いに呼ばわり群がるように、諸民族が互いに呼ばわり汝らに群がる（搾取する）ようになるだろう。』ある者が尋ねた。『それはその時（ムスリムの）数が少ないせいでしょうか。』預言者は答えられた。『その時、汝らは多数である。しかし汝らは流れに浮かぶ塵芥のような塵芥なのだ。そしてアッラーは汝らの敵の心から汝らへの恐怖を取り除かれる。そしてまたアッラーは汝らの心に弱さを投げ入れられる。』そこである者が尋ねた。『アッラーの使徒よ、その弱さとは何でしょうか。』彼は答えられた。『現世への愛と死への嫌悪である。』」

大地の主権がアッラーにある、とのイスラームの根本教義を蔑《ないがし》ろにし、自らの利権を守るために大地を囲い込み、シャリーアを無視し、西欧の人定法を人々に強制する支配者たちと彼らを恐れ阿諛追従する御用学者たちに誑《たぶら》かされ、人口だけは一五億を超えても、分裂し、科学的にも経済的にも政治的にも後進国の地位に甘んじ、欧米に搾取されるがままのカリフのいないムスリム世界の現状は、まさにこの預言者ムハンマドの言葉に述べ尽されているように思われた。

にもかかわらず、二〇〇六年にはカリフ制の名が世界中で口の端に上るようになる。その理由としては先ず、イスラームに教義を決定する人間や機関がなく、かつ聖典であるアラビア語のクルアーンとハディースとその解釈の蓄積であるイスラーム学の古典が現在に至るまで広く読み継がれていることがあげられなければならない。つまり、イスラームには教義を決定する人間や機関が存在しないため、領域国民国家システムにも、国家ムフティー（教義諮問官）にお飾りの御用学者を据えて支配者に都合の良いことを言わせても、それがイスラームの公式な教義になることはなく、議論に蓋《ふた》をすることができないのである。

そしてグローバリゼーションは古典イスラーム学へのアクセスを劇的に容易化させた。総数で数百万にものぼり個別に信憑性の判定を必要とする無数のハディースは、かつてはハディース学を専攻した専門家にすら扱いが難しかったが、グローバリゼーションの発展により今や世界中どこにいても一瞬でネット上で検索することができる。また紙媒体では入手が困難なイスラーム法学の古典も今や刊本のほとんどがPDFファイルやワードファイルの形でネットにあげられており、世界中のムスリムが読むことができるようになっている。つまりカリフの擁立、カリフ制の再興がムスリムの義務であることを、全てのムスリムが政府の弾圧を恐れることなくネットで自ら確認することができるようになったのである。

グローバリゼーションにより政府の弾圧の手が及ばないネットへのアクセスがムスリム世界の人々に容易になったことは、カリフ制再興に大きな影響を与えた。ネットによって古典イスラーム学のカリフ擁立義務が確認できるようになっただけではない。それまでイスラーム学徒やイスラーム運動家の間でさえほとんど知られていなかったカリフ制復活の義務を説く解放党の議論、シャリーアに背く統治を行なう支配者の放伐を訴えるサラフィー・ジハード主義者の議論もまたネットで目にすることができるようになったのである。特に二〇一〇年の「アラブの春」以降は、アラビア語でカリフ制擁立を訴える動画が大量にネットに出回り始めたのである。

しかし私見では、グローバリゼーションはより深いレベルでカリフ制再興に影響を与えている。それは、カリフ制こそが真のグローバリゼーションだからである。それゆえ二〇一四年、イスラーム国は、アメリカの主導する新自由主義の偽りのグローバリゼーションに対するアンチテーゼであるカリフ制再興の先触れとして出現したのである。

5　真のグローバリゼーションとしてのカリフ制

グローバリズムと普遍主義はイスラーム政治の本質である。なぜならアッラーはいかなる国家の主でもなく、「地球の主」なのであり、「アッラーの他に神なし」との神の唯一性の教義（タウヒード）は、アッラーのものである大地において統治者を称する存在が彼以外にあってはならないことを帰結するからである。

アッラーの支配の唯一性を受け入れた空間、即ちシャリーア（イスラーム法）が人々に対して施行される場所をダール・アル＝イスラーム（イスラームの家）という。「カリフがただ独りでなくてはならない」とは、このダール・アル＝イスラームの統一を象徴的に表現しているにすぎない。

カリフは常に一人でなければならず、複数のカリフの併存は厳しく禁じられている。預言者ムハンマドは弟子たちに、カリフはいかなる時にもただ一人でなくてはならないと教示している。彼は「私のあとに預言者は現れないが、カリフ（後を継ぐもの）は現れ、その数は驚くほど多いだろう。彼らの一人一人に忠誠をつくし、アッラーが権能を付与し給うたその人に統治を委ねよ。」（ハディース：ムスリム）と言われた。

また預言者は、最初に就位したカリフを差し置いて後に登位したカリフたちの正当性を否定しただけでなく、「もし二人のカリフに対して忠誠の誓いが立てられた場合、二番目（のカリフ）を殺せ。」（ハディース：ムスリム）と、そのような者を断固として処刑することを命じている。

預言者ムハンマドの逝去後、多くのアラブ遊牧部族が、カリフ・アブー・バクルの座マディーナに法定喜捨を納めることを拒否した。彼らは「アッラーの他に神なし。ムハンマドは神の使徒である。」との信仰告白をなし、礼拝を挙行していたにもかかわらず、アブー・バクルは彼らとの戦いを命じたが、彼のこの決断は、イスラームにおいてカリフ制とウンマの政治的統合の必要不可欠性を示しているのである。大地は単一にして不可分であり、全宇宙においてアッラー以外に神が存在しないことと、地上にアッラーの代理人たるカリフが一人しか存在しないことは同型で対応しているのである。

イスラーム法体系においてカリフの唯一性が定められ、その併存が厳しく禁じられているのは、イスラーム的秩序が移民の自由を保証するためである。クルアーンの中の天使の言葉「アッラーの大地は広大ではないか？　汝らが移住できるようにと。」（四章九七節）をイブン・アッバースはそのクルアーン注釈において「マディーナの地は安全であり、それゆえそこに移り住むがよい。」との意味であると説明している。マディーナ、即ち、ダール・アル＝イスラーム（イスラームの家）とは、全てのムスリムが安全に移住することのできる土地である。そしてカリフ制の単一性はイスラーム的秩序の単一性の象徴表現であり、イスラーム的秩序の単一性は、その支配領域、つまりダール・アル＝イスラームの域内での、ヒト、モノ、カネの自由な移動を保障するのである。

この大地はアッラー以外の誰のものでもなく、それ故、この大地をバラバラに切り刻み、その間の移動を制限することは何人にも許されない。西洋の領域国民国家のイデオロギーとは対照的に、イスラームではムスリムが別々の国家に属することを禁じている。なぜならばアッラーは「まことに私はあなた方を男と女に創造し、また民族と部族としてお互いを知り合うために造った。」（クルアーン四九章一三節）と言われ、人間をお互いに理解し合うようにと多様に創造されたのであるが、移住の自由は相互理解のための前提条件だからである。アッラーは私たちにヒトと自然の歴史を知るために旅をしろと命じている。「大地を旅し、（アッラーが）いかに創造を為し給うたかを観察せよ。」（クルアーン二九章二〇節）、「大地を旅し、（アッラーの使信を）否定した者たちの末路を観察せよ。」（クルアーン三章一三七節、六章一一節、一六章三六節）

それゆえ、国境の廃止とイスラーム秩序の統合による大地の解放はイスラームの使命にとって必要不可欠な本質なのである。大地は地域によって気候が異なり、地下資源にも差異がある。加えて特定の地域が一時的に自然災害や人災などで生活が困難になることもある。よって、大地における移住の自由の実現は人類の生に公正と平等をもたらすための第一歩であり、人々の移動を制限している国境の廃止はイスラーム秩序実現において必要不可欠であり、唯一人のカリフの存在は、人類の平等を否定する支配者たちが各々の権益を守るための世界分断の共謀のカルテル「領域国民国家」システムの出現を防ぐために必要なのである。

ジョン・ロールズ〔二〇〇二年没〕は、自分が豊かであるのか貧しいのかを知らない「無知のヴェール」に覆われた状態においてであれば、理性人が選びとることができないような状況が「不正な状況」である、と論じた。ごく限られた先進国が地上の富を享受し、大多数の人々が「先進国」から切り離された「発展途上国」の中で生活することを強いられている「領域国民国家」システムが、ロールズ的な意味で不正であることは疑う余地がない。一日一・二五ドル以下の最貧困に苦しんでいる人々が一二億人にも達するとも言われているにもかかわらず、彼らが生きることを求めて豊かな国に移住することが制限されているような世界は、理性人であるならば無知のヴェールの下で受け入れることはできないからである。したがってこのような領域国民国家システムは、西洋が口先で主張しているところの正義、人権、平等、人類愛などの理想とも矛盾するものであり、大地が全ての人々に解放され、移住の完全な自由を保障されるために、領域国民国家の国境は廃止されなければならない。

さらに言えば、経済発展の領域においても、大地の解放、即ち移住の自由化は最善の方法である。世界銀行のエコノミストのディリップ・ラタが言うところでは、「豊かな国々の中で雇用労働者をつくりあげることが、貧困と戦い、世界的な増収の最も良い方法の一つであることで多くの専門家は合意しており」、移民による経済効果は「計り知れず」「たとえ小さな移民の増加でも、大きな富を得ることができ、そしてその富は貿易の自由化よりもはるかに大きい。」

またトマ・ピケティも述べている。「再分配と世界の富の格差規制について、一見するともっと平和的に思える形態が移民だ。資本を動かすといろいろ面倒なので、ときには労働のほうを賃金の高いところに移動させたほうが簡単だ。……

貧困国に生まれた個人が富裕国に引っ越すことで生活水準を上げられるという移民を通じた再分配の仕組みは米国だけでなくヨーロッパでも最近になって重要な要因になってきた……」(『21世紀の資本』)

ダール・アル＝イスラーム(イスラームの家)の樹立とは、不正な支配者たちによる自分の領民の領地への囲い込みの廃止による地上における人類の移住の自由化を意味するのであり、それはまずムスリム住民が多数を占める国々から始まり、全世界へと広げていかねばならない。そしてイスラームにおけるグローバリズムを真に理解するためには、ナショナリズムの思想をイスラームの光に照らして再考してみる必要がある。

ナショナリズムとは、一八世紀初頭に西欧で生まれた部族主義の新たな形態である。預言者ムハンマドは言われた。「部族主義(アサビーヤ)のまやかしへと誘う、あるいは支持する旗の下で死んだ者はジャーヒリーヤ(イスラーム以前の無明)の死に方をしたのである。」(ハディース：ムスリム)「部族主義を掲げるものはわれわれの同胞ではない。そして部族主義を掲げて死んだものもわれわれの仲間ではない。」(ハディース：アブー・ダーウード)。また「部族主義とは何か？」と聞かれ、彼は答えられた。「自分の部族を不正に支持することである。」(ハディース：イブン・ハンバル)

部族主義はイスラーム以前のアラブ社会の常態であったが、それを打破し普遍的な人類の正義の概念を普及させることが、イスラームの使命であった。そして今日においては、この「ネオ部族主義」、即ちナショナリズムの克服がイスラームの使命の最大の目的の一つなのである。しかし大きな問題は、この「ネオ部族主義」が、「イスラームの家」とカリフ制の再興に敵対する、あからさまに反イスラームの現代のムスリム諸国家だけではなく、自らをイスラーム運動だと信じている反体制・抵抗グループのほとんどさえも汚染していることである。

イスラーム世界においては、こうしたネオ部族主義に立脚する「イスラーム主義反体制運動」は、国内でのイスラーム法の施行による自国の「イスラーム国家」化を目標に掲げる。彼らはイスラーム法の施行、イスラーム国家の樹立が「領域国民国家」システムの枠組の中で可能だという幻想にとらわれている。またネオ部族主義に立脚し「外国の異教徒」の侵略と戦う「イスラーム主義抵抗運動」は、主に「自国」の解放と国家主権の回復を目的としている。しかし上述の通り、イスラーム的秩序には、イスラーム世界をカリフ制の下に「イスラームの家」として統合することが不可欠な必要条件であり、一国内でのイスラーム法の施行、イスラーム国家化は所詮幻想でしかない。

一国イスラーム国家化の失敗の最も明白で悲惨な実例は、世界で初めてイスラームを国名に冠したパキスタン・イスラーム共和国の設立の実験である。それは、インドとの分離独立において一〇〇万人に及ぶ死者を出した上に、約三〇〇万人のムスリム同胞の殺害を経て、インドに対する屈辱的な敗戦によるバングラデシュの分離独立という惨めな結果に終わった。ネオ部族主義に基づいた自称、他称の「イスラーム主義運動」は全て真のイスラームの使命の無理解の産物に過ぎない。

イスラーム国は、サイクス・ピコ協定体制の打破、領域国民国家システムの破砕を目標に掲げた点において、ナショナリズムの峻拒、真のグローバリゼーションとしてのカリフ制への先駆けであることは否定できない。しかし、イスラーム国の前身が、イラクとシャームのイスラーム国、イラク・イスラーム国であったことからも分かる通り、イスラーム国は一国イスラーム国が可能であると考えている点においてカリフ制の理解が不徹底であると言わざるを得ない。
イスラーム国の国名にはカリフ制（khilāfah）の名はなく、単にIslamic State（イスラーム国）である。
イスラーム国の樹立は、カリフ制再興の完成ではなくその序章に過ぎないのである。

6 カリフ制再興の先駆けとしてのイスラーム国

イスラーム国は、母体であったアル＝カーイダと同じくイスラーム国家（dauwlah islamiyah）とカリフ制（khilāfah）を明確には区別しない。イスラーム国は「イラクとシャームのイスラーム国」から「イラクとシャームの」を外して「イスラーム国」と改称し、イスラーム国こそ全てのムスリムがバイア（忠誠誓約）を交わすべきカリフ制であると宣言した後にも、実はイスラーム国の内部では「西の首都」アル＝ラッカ庁舎をはじめ多くの官庁が「イラクとシャームのイスラーム国」の看板を掲げたままであり、公式文書にも「イラクとシャームのイスラーム国」のレターヘッド入りの便箋が使われていた。

つまり、イスラーム国の自己認識は、カリフ制である前に、あるいはカリフ制である以上に、イスラーム国家であり、そして実際にはまだイラクとシャームの地方色を色濃く残したイスラーム国家なのである。

確かにイスラーム国は少なくとも二〇〇六年にはカリフ制樹立に向けて準備を始めており、入念にモスルの攻略の作戦を練り、シリアのラッカ、イラクのモスル、シリアとイラクの国境を制覇し領域国民国家システムの打破の最小限の条件を満たしたタイミングでカリフ制の樹立を宣言した。しかし、イスラーム国の指導部がイラクとシリアでの戦闘に追われ、地域の政治的文脈に強く規定されていたこと、そしてそれゆえ十分にイスラーム国家とカリフ制の相違について考え、カリフ制とはいかにあるべきかを理論化した上で、カリフ制を樹立したわけではないこともまた事実なのである。

では、イスラーム国の性格をイスラーム的視点からどう考えるべきか。

正統カリフの歴史で既に述べたように、教皇、公会議、聖職者などの制度を持たないイスラームの本質からして、カリフ制がいつ再興されたかは一義的に決まるものではない。むしろカリフ制が再興されたことは、カリフ制の再興が歴史的事実になってから後に、遡及的に認定されるものなのである。その意味で、「イスラーム国がイスラーム法学が認めるカリフ制であるのか否か」との問いに、現時点で「イエス・ノー」で答えられないことはむしろ当然とも言える。

初代カリフ・アブー・バクルのカリフ位の場合、サーイダ族の広間でのカリフ任命によって合法的に成立し、マディーナ住民とのバイアの締結で法的に確定したと言えるが、その合法性の基準、つまりカリフ位の合法的締結手続き自体が、彼が背教（リッダ）戦争を勝ち抜きアラビア半島を平定した事実によって遡及的に認定されたものであった。イスラーム国についても同様に考えてみることができる。

カリフという職位自体がまだ存在せず、その選任手続きも決まっていなかった初代カリフ・アブー・バクルの場合とは違い、現在ではイスラーム法上、カリフ擁立の義務、カリフの資格条件、カリフ位締結の合法的手続きが確定されている。しかし、教義決定機関を持たないイスラームにおいては、イスラーム国の支配の合法性をイスラーム法に照らしてどのように決めることができるのかがあらかじめ決まっていないために、イスラーム国、あるいはその継承政体がムスリム世界の領域国民国家群を滅ぼしてウンマ（ムスリム共同体）の中核部をカリフ制の下にまとめ上げるか、あるいはイスラーム国が滅亡しカリフ制再興運動が終焉するか、のいずれかがはっきりした時点において過去を振り返って遡及的に言うしか、イスラーム国がイスラーム法上唯一の合法政体であるところのカリフ制であるか否かを言うことはできないのである。

アブー・バクル・バグダーディーは、カリフの資格条件を満たしており、イラクとシャームのイスラーム国の指導部とバイアを交わしてカリフに選ばれ、シリアとイラクに跨《また》がる広域に実効支配を確立し、その住民から消極的服従のバイアを取り付けた。総人口一〇数億のウンマ（ムスリム共同体）の中では、アブー・バクル・バグダーディーをカリフと認める者の数は多くはない。しかし、初代カリフ・アブー・バクルがカリフに選ばれたのは、サーイド族の広間に集まった一部の長老だけによってであったし、マディーナの住民とのバイアが交わされた時点でも、アラビア半島の遊牧諸部族は言うまでもなく、聖地マッカの住民たちですら相談に与《あずか》っていなかった。

つまり後世から遡及的に回顧して初めて、サーイド族の広間でカリフに選ばれた時点で既にアブー・バクルはカリフに相応しいことが明らかになったのであり、事実としては（de facto）マディーナの住民たちも、その他のムスリムたちも、まだ実際には彼とバイアを交わしていなくとも、法的には（de jure）バイアを交わして服従することが義務となっていたことになるのである。

カリフ擁立はイスラーム法学上コンセンサスが成立している義務である。そしてアブー・バクル・バグダーディーがイスラームの学識、クライシュ族の出自、武力による実効支配の確立などのカリフ資格条件を満たしており、カリフ選挙人「解き結ぶ者」たちは彼以外にはカリフ候補者を挙げていない。そうである以上、イスラーム国の現状は、サーイダ族の広間でムスリムの長老の有力者からカリフに選ばれてバイアを得て法的には（de jure）全てのムスリムに服従が義務となったが、まだ当時のムスリム世界の中核部であるマディーナの住民全員、マッカやその他のアラビア半島の諸部族とはバイアを交す前の初代カリフ・アブー・バクルの状態から類推するのが最も理解に資する、と考えられる。

つまりイスラーム国は、シリアとイラクの国家規模の領域でアブー・バクル・バグダーディーが有力者のバイアを得て領域国民国家システムを敵にまわしながらも実効支配を確立することによって、一応は法的に（de jure）成立したが、それが取り消されずに確定するために、シリアとイラクを超えたウンマ（ムスリム）の多数の承認を待っている、いわば「お試し期間中」なのである。

7　イスラーム国への批判

イスラーム国は世界中のメディアの批判に晒されている。イスラーム国がイスラームの教えに則った国作りを目指している以上、イスラームと異なる世界観を有する非ムスリムから批判があるのは当然である。しかし、非ムスリムからの評価はイスラーム国の支配の正当性には関わらない。イスラーム国にとって重要なのはムスリムからの認知である。

カリフが一人である以上、カリフ制が再興されれば、カリフになれなかったムスリム諸国の支配者たちは軒並み用済みになる。それゆえ領域国民国家システムのムスリム世界における傀儡政権群はこれまで、自らの既得権を死守するためにカリフ制の再興を全力で阻止しようとしてきた。カリフ制を名乗るイスラーム国が樹立された今、彼らがその正当性を否定し、その打倒に全力をあげ、これまで彼らの支配を支えてきた御用学者たちが、イスラーム国の批判に動員されることは当然予想されたことである。

イスラーム法のカリフ擁立義務、カリフ資格条件などを学術的、体系的に論ずると、ムスリム諸国の支配者たちの反イスラーム性が明らかになるため、イスラーム国批判は政策の枝葉末節のあら探しや、本質を偽った詭弁に終始することになる。

代表的な批判は、「イスラーム国は、イスラーム法に反する行ないをしたムスリムを不信仰者扱い（タクフィール）して殺す異端ハワーリジュ派である」というものである。既述の通り、ハワーリジュ派との批判は、オスマン朝のハナフィー派法学者イブン・アービディーンがワッハーブ派に対して向けた批判であった。叛徒をハワーリジュと呼ぶのは、サラフスィー〔一〇九六年没〕以来のハナフィー派法学の用語法であり、ムスリムを不信仰者扱いする神学思想を持つ歴史的な異端的分派としてのハワーリジュ派を指すわけではない。しかし、イスラーム国批判は、故意にムスリムを不信仰者扱いして殺す異端、ハワーリジュ派の烙印を押す誹謗中傷に過ぎない。

イスラームと多神崇拝の境界、背教をめぐるタクフィール（不信仰者扱い）について最も研究を進めてきたのは、オスマン朝以来、異端ハワーリジュ派との嫌疑をかけられ続けてきたワッハーブ派であった。ワッハーブ派は、彼らのタクフィール（不信仰者扱い）が罪を犯したことによるのではなく、古典イスラーム学が定める背教事項に則ることを論証してきたのであり、その集大成が既述のアール・アル＝シャイフの人定法批判であった。そして西欧起源の人定法を国法とすることが不信仰にあたるとのアール・アル＝シャイフの人定法批判も、以下の『イスラーム法学百科事典』の記述にあるように、古典法学の背教規定に則っている。

「集団的背教の意味は、正統カリフ・アブー・バクルの治世に生じたように、イスラームの人々、あるいは土地において、一集団がイスラームから離反することであり、それが生じた場合には、アブー・バクルが背教集団に対してなしたことを根拠に、彼らと戦うことが義務であることで法学者たちは一致している。」

サラフィー・ジハード主義に則る国作りを目指すイスラーム国は、これらの議論に習熟した上で理論武装しており、イスラーム国をハワーリジュ派の異端と呼ぶ誹謗中傷のプロパガンダは学術的に極めて低レベルで、論ずるに値しない。

一方、イスラーム国は、サラフィー主義の解釈に基づくイスラーム法に則る国作りを目指しているため、非ムスリムは言うまでもなく、サラフィー主義と対立するシーア派やスンナ派伝統派からも批判を浴びている。特に信者の参詣の対象となっている聖者廟の破壊は、欧米だけでなくムスリム世界のメディアでも大きく取り上げられて厳しく批判された。しかし、聖者廟の合法性については、「墓をモスクにしてはならない。」との預言者ムハンマドの言葉（ハディース：ムスリム）に基づき、イブン・タイミーヤ以来、イスラーム学の根強い批判があり、ワッハーブ派も行なったことであり、現在のサウディアラビアでは、預言者ムハンマドの墓を除き、全ての聖者廟は一掃されている。したがって聖者廟破壊を理由にイスラーム国を全否定するなら、サウディアラビアの存在も否定しなければならないことになるのである。

つまり、聖者廟破壊に対してシーア派やスンナ派伝統派が反対しようとも、それはイスラーム学内部で普通に存在する見解の対立に過ぎず、イスラーム国の「反イスラーム性」を示すわけではないのである。

また一二イマーム派へのタクフィール（不信仰者扱い）も同様で、スンナ派伝統派の中では少数意見だが、イブン・タイミーヤ以来の伝統がある有力学説ではあり、ワッハーブ派を初めとするサラフィー主義者に広く共有されている。また一二イマーム派はスンナ派のみならず非一二イマーム派全体をタクフィールしているのであり、イスラーム国よりも、一二イマーム派こそが「タクフィール主義」の名に値する。ヌサイリー派（アラウィー派）のタクフィールについても、イスラーム国、サラフィー主義者だけでなく、イブン・アービディーンがスンナ派の先達の説を引用して、「ジズヤ（人頭税）を払おうとも『イスラームの家』の中に居場所はない。」と啓典の民以下の背教者扱いをしており、タクフィールがスンナ派全体の通説なのであり、イスラーム国だけがタクフィール主義者の汚名を着せられる筋合いはない。

キリスト教徒へのジズヤ（人頭税）の賦課もクルアーン九章二九節に「啓典の民とは……謙《へりくだ》って手ずからジズヤ（人頭税）を払うまで戦え……」と明記されたイスラーム学者の間でコンセンサスの成立したイスラーム法上の義務であり、ムスリムの義務に過ぎず、イスラーム国が課すジズヤの額も富裕者に対してすら年間数万円で古典学説に則るもので、むしろ非常に安いと言うことができる。ヤズィーディーのような多神教徒の場合、クルド人であってもイラク在住でアラブ化していることを考慮すると、アラブの多神教徒に庇護民として永代在留を認めるのはスンナ派四法学派の中でもマーリキー派学説とハンバリー派の少数学説だけであるので、彼らのうちで男性を殺害し女性を捕虜にしたことによってイスラーム国のイスラーム性が否定されることはない。

また対立する諸党派の戦闘員の処刑も、イスラーム国は、叛乱罪ではなく強盗罪の規定クルアーン五章三三節「アッラーとその使徒に刃向い、地上に腐敗をもたらす者への応報は、惨殺されるか、十字架にかけられるか、手足を互い違いに切断されるか、その地から追放されるかである。」を典拠としているため、全員が強盗殺人罪の共同正犯として処刑されることになるのである。

また処刑した兵士の首を切って晒すなどの行為も、死体を損壊し見せしめに晒す行為（muthlah）はイスラーム法上禁じられているが、相手方が先に行なった場合の同害報復の場合に限り許される、というのが通説であるため、スンナ派のムジャーヒディーンのみならず住民一般に対して虐待、処刑、死体損壊などの蛮行を働いてきたシリア、イラクの内戦の文脈では、正当化が可能である。

つまり、イスラーム国への批判は、イスラーム教学上正当なものであっても、従来から学問上見解が分かれておりコンセンサスが成立していない事項に関する通常のイスラーム学者（ウラマーゥ）内の見解の対立の範囲を超えるものではなく、またイスラーム国の「イスラーム性」自体を否定するものでもなく、アブー・バクル・バグダーディー以外にカリフがいない現状においては、イスラーム国のカリフ制としての支配の正当性を覆す論拠としては薄弱であると言わざるを得ない。

8 なぜイスラーム国が成立したのか

イスラーム国は法的には（de jure）支配の正当性を有するが、事実としては（de facto）ムスリムのほとんどが支持していない。ではなぜこのようなイスラーム国がイラク・シリアには事実として（de facto）成立してしまったのか。

第一に、それはイスラーム学の大衆化が進み、グローバリゼーションの進展により、カリフ制樹立の義務が意識の高いムスリムの間に知られるようになったことにある。第二に、イスラーム学の合意に反し、カリフ制樹立の義務に口を噤《つぐ》むばかりか、カリフ制は言うに及ばずイスラーム法の施行にすら反対するムスリム世界の宗教・政治エスタブリッシュメントが、既得権の死守と保身のために、イスラーム運動の圧殺をなりふり構わず推し進め、イスラームの教えには一顧だにせず、いかなる正論にも耳を傾けないことが明らかになったことである。つまり、イスラーム法の施行、カリフ制の樹立の義務は既にイスラーム法上コンセンサスが存在しており、イスラーム学の専門家でなくともその確認は容易であり、本来議論の余地はない。それにもかかわらず、カリフ制を否定する権力者とその御用学者たちは、そもそもイスラームを実践する意志がなく、その関心は利権の維持だけであるため、そして平和的な手段によって利権を手放すことはありえないため、対話や議論を積み重ねても時間の無駄であり、武力によって排除するしか方法がないとの認識が広まったのである。

権力者とその御用学者たちの議論が、白を黒と言いくるめる粗雑であからさまな詭弁に過ぎないことは、彼らとその追従者に対する深い不信感を醸成することになった。そしてそれは彼らに対するタクフィール（不信仰者扱い）を容易に受け容れさせる土壌となった。さらに深刻な問題は、カリフ制を否定する者たちの議論のレベルが低すぎて、初学者でも容易に論駁できてしまい、また権力者たちがカリフ制に関する議論を弾圧したため、議論は無駄で武装闘争による放伐しかないとカリフ制支持者たちが考えるようになってしまい、カリフ制擁立義務の再確認を超えて、現代においてカリフ制がいかなるかたちで再興されるべきかについての議論が深まらなかったことである。

この権力者とその御用学者たちの反イスラーム性と彼らに対する不信は、スンナ派イスラーム世界全体に当てはまるものだが、それが最も顕著だったのが反イスラームの世俗社会主義を綱領とするバアス党の独裁政権が長く支配し、しかもシーア派が政権を握っていたシリアとイラクであった。そして、そこにイスラーム国が成立したのである。

シリアのアサド政権は「異端」アラウィー(ヌサイリー)派が権力中枢を占める社会主義独裁政権である。先代ハーフィズ・アサド大統領は、一九八〇年にはムスリム同胞団員を死刑にする法律を制定し、一九八二年にムスリム同胞団の蜂起をきっかけにハマーで数万人のスンナ派市民を虐殺し、その後もスンナ派の過酷な弾圧を続け、大統領が息子のバッシャールに代ってからも反スンナ派政策は変らず、二〇一一年以降シリアは内戦に陥り、既に一〇万人以上が犠牲になっている。

イラクのサッダーム・フサイン政権は、シリアと同じくバアス(社会主義アラブ復興)党が支配する残虐な社会主義独裁政権であったが、一九九一年のアメリカを主体とするアラブ諸国を含む多国籍軍の侵攻、そして国内でのシーア派、クルド人の叛乱以降は、国旗に「アッラーは偉大なり」の句を入れるなど、スンナ派イスラームを機会主義的に利用するようになっていった。二〇〇三年のイラク戦争によるサッダーム・フサイン政権の崩壊後は、アメリカ占領軍によりシーア派を主体とする傀儡政権が樹立され、スンナ派は冷遇され不満が高まった。二〇〇四年にスンナ派住民の多いファッルージャで起った米占領軍による包囲戦では、六千人を超える市民が殺害されたと言われる。二〇一一年には米軍が完全撤退したが、米軍撤退後もイラクの一二イマーム・シーア派主体のマーリキー政権は米の反スンナ派政策を受け継ぎ、スンナ派住民への弾圧、虐待を続けた。

イラクとシリアの政権は、どちらも単に世俗主義であるだけでなく、エスニックにも非スンナ派が政権の中枢を担っているという点で、スンナ派にとって反イスラーム性がより一層明瞭であるが、特にイラクは民衆のレベルでも一二イマーム・シーア派がマジョリティーであり、スンナ派とシーア派が流血の抗争を繰り返しており、教義レベルの対立の火に油を注ぐことになったのである。

というのは、一二イマーム・シーア派は通常はスンナ派をタクフィール（不信仰者扱い）するが、タキーヤ（信仰隠し）によってスンナ派も法的にムスリムとして遇する。しかしシーア派が権力を握ると（本来はマフディーの到来によって）、スンナ派を法的にも不信仰者として処理するとの教義があるために、マーリキー政権と、イスラーム国の前身で一二イマーム派をタクフィールするサラフィー・ジハード主義のイラク・イスラーム国とは、相互にタクフィールしあい、コミュニティー・レベルでの凄惨な殺し合いが生じた。それゆえ、相互不信が決定的になり、抜き差しならない対立に至ったのである。

イスラーム法の限界の範囲内にあるとはいえ、「他者」に対して極めて「非寛容」で酷薄な解釈を取るイスラーム国がカリフ制再興の衣装を纏《まと》ってシリア・イラクの地に出現したのは、権力者とその取り巻きの御用学者たちの反イスラーム性が最も顕著で、（スンナ派の解釈に基づく）イスラームに対する弾圧が殺害にまで及び、彼らとの戦いが物理的な殲滅戦の形態を取るしかないことが否応なく明らかになったシリア・イラクの状況に起因するのである。

イスラーム国はシリア、イラクの政府および反イスラーム民兵集団との戦闘を継続しながら、住民に最低限の行政サービスを提供し、国家の体裁を整えるために、シリアにおいてのみならずイラクにおいても旧フサイン政権を担ったバース党に人的資源を求めざるをえなくなったが、強権独裁政権揃いのアラブ諸国の中でもシリアとイラクのバアス党は特に残虐な全体主義的秘密警察政治で知られていた。そのため、戦時体制、治安維持のための口実で、イスラーム国の行政に、イスラームとは真逆の全体主義警察国家の手法が、知らず知らずのうちに持ち込まれることになってしまった。

そのようなシリア、イラクでイスラーム国としてカリフ制が発現するに至ったのは、ウンマ（ムスリム共同体）全体の責任である。つまり、イスラーム法の連帯義務であるカリフ制樹立を怠るウンマ（ムスリム共同体）の有責性から目を逸らし、言論の自由がまがりなりにも保証された欧米や日本のようなところで、そして政治活動、言論の自由は著しく制限されてはいてもシリアやイラクのように問答無用で物理的に抹殺されるレベルの弾圧が存在するわけではないところでも、カリフ制再興の声を上げて「平和的」なカリフ制再興への道筋を考究することができたにもかかわらず、保身や立身出世のために口を噤《つぐ》み、あるいは「民主主義」、「中道」、「人権」などの非イスラーム的理念を掲げてカリフ制を貶《おとし》めてきた曲学阿世の徒たちの怠慢と欺瞞《ぎまん》のせいなのである。

イスラーム国は、その支配地域のムスリムと非ムスリムの住人、そして矛を交えるシリア政府軍、シリア反体制派諸派、イラク政府軍、クルド自治政府軍、シーア派民兵、覚醒委員会などに対してだけ過酷であるだけではない。ムスリムにとって最重要な連帯義務であるカリフ擁立のイスラームの理念を愚直に追い求めカリフ制再興を果たしたイスラーム国とバイア(忠誠誓約)を交わしてカリフ国に敵対する自国の支配者たちの弾圧に晒されるか、カリフ制再興のイスラームの理念を裏切り反イスラームの支配権力に追従する安穏な暮らしを選ぶか、の二者択一のコミットメントを迫ることで、ムスリム諸国に住むムスリムにも厳しい試練を突きつけている。

またある意味で、より難しい立場に立たされているのが、西欧など非ムスリム諸国に住むムスリムである。イスラーム国は、その捕虜の処刑や晒し首など、ムスリムにも眉を顰めさせる行為によってだけでなく、非ムスリムにとって極めて挑発的なしかたでムスリムと非ムスリムを差異化し、より多くの義務と権限をムスリムに配するその妥協のないイスラームに関する排他的、独善的真理性要求によって、非ムスリム社会でマイノリティーとして謂《い》わば非ムスリムの「お情け」にすがって小さくなって暮らしているムスリム移民を、マジョリティーである非ムスリムの敵意と疑惑の目にさらすことになる。

それゆえ、ムスリム諸国においてイスラーム法が蔑《ないがし》ろにされていようとも、民意が無視され人権が蹂躙《じゅうりん》されていようとも、非ムスリム諸国がムスリム諸国に侵攻し無辜《むこ》のムスリムの市民を殺そうとも沈黙を決め込んでいたムスリム諸国、非ムスリム諸国在住のムスリムたちが、ヒステリックにイスラーム国非難の声をあげているのは、これまでの安逸を破る試練に対してあくまでも保身を続けようとの居直りとして理解しうる。

イスラーム国は、カリフ制樹立の義務を怠る大罪を犯しながらその有責性の自覚すらない堕落しきったウンマ(ムスリム共同体)に対する試練、神の鞭としてこの世に送られたのである。

9　イスラーム国樹立からカリフ制再興へ

たとえば、ある首相を「極右ファシストだ、絶対認められない」、と批判することは、その首相を首相たらしめている議会制民主主義を否定することを意味するわけではなく、その政権の支配の合法性を否定し、税金を払わなかったり、法律を無視したり、革命を起こしたりすることを必ずしも意味しない。

同じように、現在のカリフであるアブー・バクル・バグダーディーの政策の多くがイスラームの精神に反し住民の利益を損ね間違っていたとしても、それが必ずしもイスラーム国の支配の正当性を失わせるわけではなく、カリフ制そのものの否定の根拠となるわけではない。

しかし、法学者や政治学者ならぬ一般のムスリムのほとんどは、イスラーム国の現政権の政策が不適切であることと、イスラーム国が自己同定するカリフ制自体の支配が合法性を有しないことを区別できるわけではない。それゆえ、そもそも教義的にもスンナ派の中で多数派とは言えないサラフィー主義であり、政策においてもそもそも「厳格主義」、「非寛容」、冷酷である上に、ムスリム諸国や西欧のメディアによる誹謗・中傷を通じて、さらに一層、残虐に歪曲された虚像のみが伝えられているイスラーム国を、ムスリムの圧倒的多数が支持していないのはむしろ当然とも言える。

したがって、たとえイスラーム国が法的には（de jure）支配の正当性を有しても、事実としては（de facto）短期的に、ウンマ（ムスリム共同体）がアブー・バクル・バグダーディーとバイアを交わし、ダール・アル＝イスラーム（イスラームの家）を不法に分断し、西欧から継受した人定法によって人々を不正に支配する者たちを放伐し、イスラーム国の下に団結するとは考え難い。

今後のシナリオは不透明であるが、周辺国のみならず米国の有志連合が軍事介入し、領域国民国家システム全体を敵に回している現状では、軍事的にイスラーム国がシリアとイラクの国境を超えて支配領域を拡大する見込みは薄い。逆にシリアとイラクの内部では、イスラーム国の母体となったサラフィー・ジハード主義ネットワークの長年のゲリラ戦の実績からして地上戦で殲滅されることも考えにくく、低強度紛争が長く続く可能性が高いと思われる。

しかし、既に述べたようにカリフ制とは、空間的に存在するのではなく、人の心の中に存在するものである以上、その「存在」が、シリアやイラクの境界の中に限定されることなどそもそもありえない。そして、ナイジェリアのボコハラムがイスラーム国にバイアを捧げていることからだけでも、イスラーム国の支配を空間的にシリアとイラクに限定することができないことは明瞭である。カリフ制再興の衝撃は、シリアとイラクのイスラーム国を震源地に、イスラーム世界全域に伝わりつつある。その影響の現れ方は、必ずしも震源地からの空間的な距離に比例するわけではない。むしろ、遠隔地であっても、ムスリムの心の中にカリフ制を受け容れるイスラームの学問的、信仰的、政治的地盤があるところでは、目に見える形で直ぐにでもカリフ制再興が現象するが、隣国であろうともカリフ制再興を準備する地盤がないところでは直ぐには目立った変化が見られないこともある。

既に述べたように、サウディアラビアやエジプトなどのムスリム世界の中心部の支配者たちはこれまで、イスラーム法上のカリフ擁立の義務からムスリムたちの目を逸らす愚民政策をとってきたが、イスラーム国が樹立されるや、カリフとバイアを交わす者をタクフィール（不信仰者扱い）し、その殺害を扇動し、非ムスリムのアメリカが主導する有志連合の力を借りてまでもなりふり構わずイスラーム国の抹殺に狂奔している。それゆえイスラーム国の樹立宣言に対するムスリム大衆の反応はこれまでのところ否定的なものであったが、グローバリゼーションによって国家権力者による情報統制の限界が露呈している現在、いつまでもこれまでのような弥縫的な愚民政策と誹謗中傷だけで、カリフ制再興の流れを阻止することは難しい。

あり得る一つのシナリオとして『不可避のカリフ制？（*The Inevitable Caliphate?*）』〔2013〕の著者レザー・パンクフルストが以下のように述べているのは示唆的である。「（湾岸）地域の王制諸国の同盟のようなものが、この地域においてより良い統治への要求が強まっている中で、揺らいでいる自分たちの支配の正当性を強化するためにカリフを選んでカリフ国を僭称したとしても、驚きはしない。」

一九七〇年代以降のイスラーム法施行、イスラーム国家樹立の要求の高まりの中で、ムスリム諸国において御用学者たちが動員され、「わが国は既にイスラーム法を施行しており、したがってイスラーム国家である」、との詭弁がなされたが、同じことがカリフ制についても繰り返されるのでは、と予想される。つまり、「既にムスリム諸国は統合され、カリフ制は再興されている」、と強弁しうるような、ムスリム諸国間の関係の再調整が行なわれるのである。

イスラーム国は、二〇一四年六月電撃的にモスルを制圧した時（その時点では、イラクとシャームのイスラーム国）、トルコ領事館を占拠し、領事館員四九人を捕虜にしたが、九月二一日、全員を解放した。トルコ領事館員解放は、イスラーム国に対して米国がアラブ諸国と共に主要国連合を組織しようとして開催した「対テロ国際会議」の最終声明にトルコが署名を拒否したのを受けてのことであり、イスラーム国は、理論的には領域国民国家システムを全否定していながらも、現実の外交政策のレベルでは、イスラーム国に軍事攻撃を仕掛ける国とそうでない国を区別し、全世界を同時に敵に回すことは避ける一定の現実主義路線を取っている。また欧米人ジャーナリストの捕虜に関しても、二〇一四年一一月末の時点で米国人三名、英国人一名を処刑している一方、イスラーム国は英国人捕虜の一人は自分たちの代弁者に仕立て、ビデオを通じてメッセージを発信させている。

イスラーム国が戦闘による支配地拡大だけではなくインターネットによる情報戦によってムスリム世界に大きな影響を与えているように、イスラーム国のほうもまた、彼らに対する外からの反応がフィードバックされることにより変容を遂げつつある。

カリフ制再興はイスラーム国を焦点とする、イスラーム国と外界との相互行為の中で進行中の未完のプロジェクトなのである。

6 カリフ制再興の文明論——未完のプロジェクトの潜勢力

1 来たるべきカリフ制

イスラーム国には否定的なレザー・パンクフルストは、解放党を例に挙げ、正しいカリフ制を偽物から区別する基準が示される必要があると言う。既に述べたように、解放党の挙げるカリフ制の基準は、(1)従われるべき主権は国民の意思ではなく天啓のシャリーアにあり、(2)法の執行者を選ぶ権限はウンマ(ムスリム共同体)に属し、(3)カリフがウンマ(ムスリム共同体)の唯一人の元首であり、(4)シャリーアの施行細則である政令制定権はカリフに属する、の四つであるが、これらはいずれも古典イスラーム学においてコンセンサスが成立しているカリフ規定を現代的に表現したものであり、現代イスラーム政治学の成果に照らしても妥当なものである。

そして、この基準に照らした場合、イスラーム国は、カリフ制の基準をクリアーしているように思われる。むしろ、現在問われているのは、カリフ制の基準をクリアーした政体が、イスラームの理念を体現し、ウンマの広範な支持を取り付け、世界の領域国民国家システムと敵対的安定を達成し、sustainable good governance（持続可能な良き統治）を行なうことができるか、否かであろう。

イスラーム国は、サラフィー・ジハード主義者によるシリアとイラクのエスニックなシーア派が権力を握る全体主義的警察国家との戦いという歴史的文脈に大きく規定され、戦争の中で自己組織化を遂げてきたのであり、グローバリゼーションした世界の中においてカリフ制の再興がいかなる方法論に基づくべきか、再興されたカリフ制がいかなる形態を取るべきか、についての理論的考察の産物ではない。その結果、イスラーム国は、表面的にはイスラーム法を施行し始めているが、行政の実態は、戦時体制、治安維持を口実とした、イスラームとは真逆のバアス党的な全体主義警察国家の手法に近い。

それはイスラーム国に限ったことではない。今日の世界は全て西欧の文化植民地であり、思考様式の西欧化は意識に上らないまでに血肉化しており、それはムスリム世界も例外ではない。特に政治思想の領域ではそうであり、ギリシャの政治思想とキリスト教が結びついた「人の支配」、そのメタモルフォーゼであり近代西欧資本主義と結びついて世界を覆い尽くした「法人」制度、その究極形態である領域国民国家システムは、多くのムスリムにとって当然の前提とされており、カリフ制さえその色眼鏡を通して理解されることで認識に歪みが生じている。

それゆえ、来たるべきカリフ制を語るためには、古典イスラーム学のカリフ論と西欧政治思想の双方を反省的に客体化した上で、現代世界を記述する語彙に翻訳し直す必要があるのである。

2 カリフ制の「世俗性」

先ず、カリフ政権は「世俗的」である。西欧の政治学は政教関係の分析において法システムと政治システムの区分の自覚を欠くために、イスラーム政体の性格を有効に記述することができないが、両者の区別ができれば、カリフ政権が「世俗的」であることはむしろ自明である。預言者ムハンマドの統治は「政教一致」であり、「宗教的」であった。預言者ムハンマドはアッラーの啓示に基づいて統治を行なっていた。つまり、開戦などの政治的決定も神意に基づいて行なわれていた。そして啓示の多くは個々の状況に応じた個別の命令の形をとっており、法システムはまだできあがっておらず、政治システムと法システムはまだ未分化であった。

預言者ムハンマドの統治は、一般信徒にはアクセスの不可能なアッラーの啓示の神意の超越的な権威に基づくという意味において「宗教的」であり、法システムと政治システムが未分化であったため、法と政治が未分化な形で共に超越的権威に基礎付けられていたという意味で「政教一致」と呼ぶことができる。預言者ムハンマドの統治は、神意を体現する宗教者が統治するという意味において、西欧の政治学で言うところの典型的な「教権制」「神政政治」であった。ところが啓示は預言者ムハンマドの死によって途絶え、カリフには神意への特別なアクセスはない。カリフの政治的決定には超越的要素はなく、政治的な利害計算によって行なわれたのであり、それはカリフの部下たちについても全く同様であった。

一方で法システムについてはどうであろうか。預言者の死によって啓示が途絶えた時点で、アッラーに従うことはクルアーンに従うこと、預言者に従うことは預言者の残したスンナ（言行）に従うことと再定式化された。個々の状況に応じたアッラーとその使徒の「命令の束」は、クルアーンとスンナが固定したことによって、その全体から整合的で首尾一貫した一般規範の法体系が演繹されることが可能になった。八世紀から一〇世紀にかけて法システムとしてのイスラーム法は完成する。

預言者ムハンマドの時代には、法と政治は未分化であったため、カリフ政権の初期においてもカリフとその代官たちは、行政官であると同時に裁判官でもあり、両者の区別は曖昧であった。カリフやその代官たちは、自分たちのクルアーンとスンナの理解に従って裁判を行なったが、彼らの裁定が神意を表しているとみなされることはなかった。

カリフ・ウマルは婚資に上限を設けようとしたが、名も無い女性から「ウマルよ、それはあなたの権限ではない。アッラーは『汝らが妻を別の妻に取り替えようと望んでも、妻に千金を与えていたとしても、それからわずかにも取り上げてはならない。』（クルアーン四章二〇節）と仰《おお》せになられている。」と咎められ、「女がウマルと争論し、彼を言い負かした。」と自説を撤回し、「全ての人がウマルよりはイスラームの理解が深い。」と嘆いた（アブド・アル＝ラッザーク・アルサンアーニー、イブン・アル＝ムンズィル、スユーティーが伝える伝承）。この逸話はカリフの可謬性、カリフ制が神政政治ではないことをはっきり示している。

イスラーム法体系の揺籃期の八世紀になると、イスラーム法の専門家としての法学者が現れ、こうした法学者の中から専門職としての裁判官になる者が現れる。これ以降、カリフは預言者の後継者として裁判の任を継承するとの理念が失われることはなかったが、カリフはその司法権を法学者に委任することが慣行となり、行政官と裁判官は完全に分化する。

「政教一致」を「政教分離」と対立させる概念枠組は特殊キリスト教ヨーロッパ的なものであるため、イスラームが政教一致でも政教分離でもないことは、キリスト教ヨーロッパ文化の枠組みで思考しない者にはむしろ自明である。戦前の日本において、大日本回教協会の原正男が、イスラーム政治が政教一致でないことを以下のように論じているのも、それ故なのである。

「回教国はわが国と同じく宗教的信念に基づき成立しているのである。然かも両者とも祭官政治、僧侶政治の国ではない。換言すれば、政治、軍事は特殊の祭官又は僧侶に依って行なわれるのではない。それらの分野は比較的自由の立場にあって、宗教的掣肘を受くることもなくその機能を発揮することができるのである。」〔原正男『日本精神と回教』〕

イスラーム法の運用は神的霊感とは無縁であり、必要とされるものは信仰による理解ではなく、法的推論の専門的訓練による理解であるという意味において、理性によっては不可解な非合理的なものではなく、完全に合理的なのである。

このことは、イスラーム学の伝統において、スーフィーと呼ばれる神からの霊感を受けた神智者の存在が広く認知されており、法学者の中にも神智者を兼ねる者が多数いたにもかかわらず、裁判の場において、こうした霊感が証拠として採用されることは決してなかったことを考えあわせるとより明確に理解できる。

イスラーム法体系が成立し、専門人としての法学者が成立してからは、法もまた「世俗化」される。つまり裁判は、常人にアクセスできない神からの霊感を受けた超越的権威によって行なわれるのではなく、法的推論の専門的職業的訓練を受けた法学者によって、教養人であれば誰でも参照の可能な権威の定まった古典法学書の法規定に基づいて行なわれるからである。

また法の起源に関しては、イスラーム法の起源が神的啓示であるという事実は、その政治・法的制度が神的であることを意味しない。なぜなら、あらゆる法の起源は建国「神話」に関連しており、したがって、その法的制度がいわゆる「宗教的」なものであろうと「世俗的」なものであろうと、その起源は必然的に「神聖」かつ「非合理的」だからである。

アメリカの独立宣言は「私たちは、これらのことが自明のものであると宣言する。即ち人間は生まれながらに平等であり、不可侵な権利を持って神によって創られた。」と書かれている。また世俗的なフランス一九七八年憲法ですらその前文の人権宣言で「人間の自然の不可譲にして神聖な権利(les droits naturels, inaliénables et sacrés de l'homme)」と「聖性」に言及している。それゆえ起源が神的啓示に基づいているからというだけの理由で、イスラーム法を「宗教的」と呼ぶのは不適切である。

イスラームにおいては、法と宗教と政治は完全に分化しており、カリフ政権は、行政のみならず司法においても、宗教とは分離した「世俗」政体と言えるのである。

3 カリフ制の反全体主義

またカリフ制は、イスラーム公共法に基づき全住民に治安を保障し、ムスリム以外には宗教を基礎とした各共同体に、狭義の宗教的儀式だけではなく家族法及び服装規定等を含む宗教領域における自治をゆだねるがゆえに、多元主義的である。

またこの多元主義的カリフ政権は反全体主義である。カリフ政権はイスラームに立脚するが、全ての住民にイスラームのイデオロギーを強制するわけではない。非ムスリムは、イスラームにいかなる内面的コミットメントも求められることはなく、ただイスラームの公共法を外面的に遵守すればそれで足りる。ムスリムでさえも、カリフ政権はその心の内面に干渉することはない。カリフ政権の任務は、ただ外面的なイスラーム法の施行のみである。

イスラームが人々の内心の信仰を問わないことを最も明瞭に示しているのが、預言者ムハンマドの弟子ウサーマ・ブン・ザイドが伝える以下の逸話である。

「アッラーの使徒がわれわれを遊撃隊として派遣され〔中略〕私は一人の男を捕え、その男が『アッラー以外に神はない。』と唱えたにもかかわらず槍で刺し殺した。それを思い出し私は預言者にそれを報告した。すると使徒は『アッラー以外に神はないと彼は唱えたのか、それにもかかわらずあなたは彼を殺したのか。』と言われました。

私はこれに対し『使徒よ、彼は殺されるのを恐れてその信仰告白を口にしたのです。』と言うと、使徒は『おまえは心の底からその告白がなされたのかどうか知るために彼の胸を切り裂いたのか。』と言い、何度もその言葉を繰り返されました。」（ハディース：ムスリム）

ちなみに、キリスト教ヨーロッパにおいては、教会は「霊的」権威を有し、教会は信者の心を支配し、信者の内心の異端信仰をあぶりだす異端審問の歴史を有する。つまり、教会が信者の内心を放置せず干渉することは教会の霊的権威と不可分なのである。一方、教会の霊的権威は洗礼、叙階、聖体拝領、赦しなどのサクラメント（秘跡）を「公式・独占的」に行ないうることに由来するために、キリスト教ヨーロッパにおいては、内心の信仰の自由は礼拝や儀礼の自由とセットになっている。しかし、預言者以降のいかなる人間にも「公式・独占的」な霊的権威を認めないスンナ派イスラームのカリフ制は、人間の内心には一切干渉しない。但し内心の範囲に入らないイスラームへの批判的言説や他の宗教への入信などの言論や行為の自由を保障するわけではない。

カリフ政権は、内心の信仰に干渉しないばかりか、「私的空間」における個人の「プライバシー」にも干渉しない。「汝らは詮索をしてはならない。」（四九章一二節）とのクルアーンの聖句により、イスラームは、隠れた悪を暴くこと、詮索・スパイ行為を厳禁しているからである。マーワルディーの『統治の諸規則』にある通り、カリフ・ウマルは、自ら私邸での飲酒の現場に踏み込みながら、「信徒の長よ、アッラーはあなたにスパイ行為を禁じ給いましたが、あなたはスパイをしました。また無断で他人の家に入ることを禁じ給いましたが、あなたは無断で他人の家に押し入りました。」とスパイ行為、プライバシーの侵害を咎められ、彼らを逮捕せず立ち去っている。カリフ制は警察国家の対極に位置し、カリフは公共空間におけるイスラーム法の侵害のみを取り締まるのであり、私的空間における個人の行為については、その審判はアッラーに任せるのである。

また全体主義のイデオロギーに立脚する領域国民国家が、義務教育の名の下に国民全ての子弟を一定期間、誘拐、監禁し、公定のイデオロギーで洗脳するのと異なり、カリフ政権においては、教育はそもそもカリフの職務ではない。歴史上、カリフや王たちが学校を建てているが、それは彼らの職務ではなく個人的な寄進であった。つまり、カリフ政権においては、教育は家族と社会に任されるのである。

多元主義・反全体主義のカリフ制下での秩序、治安および平和維持のための政治的責任は、いわゆる「民主的」国民国家制度において、「国民の代表」という欺瞞《ぎまん》的な虚構の下でのような全ての市民によって負担されるものではなく、カリフを長に頂いたウンマ・ムスリマ（ムスリム共同体）がカリフの指導下で各人の能力に応じて負担されることになる。

カリフ制の下では、非ムスリムは彼らが信じないイスラームの大義に対するいかなる政治的責務も求められず、「受動的」市民として納税とイスラーム公共法の外面的遵守を求められるのみであるのに対し、全てのムスリムは彼らのイスラームの大義への信仰ゆえに、カリフ政権に「能動的」市民として能力に応じて、裁判官、兵士などとして参加する義務を負うのである。

こうした世俗主義的、反全体主義的、多元主義的カリフ制こそが、ムスリム共同体が武力に訴えてでも地球全土に拡大する使命を帯びたイスラーム的秩序の実現を保証する政治システムなのである。

但し、現代のような非人道的な大量破壊兵器が使用される戦争は、女性や子供のような非戦闘員の殺害を禁ずるイスラームの戦争倫理に悖《もと》るため、カリフ政権は公宣のための戦争を仕掛けることはない。カリフ政権と外部世界との関係は、休戦協定による「平和」が基調となり、休戦協定の下に、どちらの体制がより優れた体制であるかを、どちらがより多くの移民を引きつけるか、によって競い合うことになるであろう。

4　法の支配としてのカリフ制

正しくその理念が伝えられれば、カリフ制によって統治される「イスラームの家」は、イスラーム世界の外に住む非ムスリムからも、その再興の阻止のために干渉しないという消極的支持だけでなく、そこへの自国の編入、あるいは個人的な移住を望む積極的な支持を獲得することも決して夢ではない。アメリカの主導する「紛い物のグローバリゼーション」の進行と、それへの反動として平行して生じている歪んだナショナリズム、ショービニズム、ジンゴイズム、地域・民族紛争の激化によって、ナショナリズムと領域国民国家のイデオロギーの破綻は誰の目にも明らかである。ところがヒューマニティーの理念に反するナショナリズムを峻拒し、領域国民国家の牢獄を打破し、国境を解放、廃止すべきとの正論を掲げ、それを実現しうる可能性を孕んだ政治思想／運動は、今の世界にはもはやイスラームのカリフ制再興しか存在しないからである。

そしてカリフ制とは、一言で言うなら、「法の支配」を実現することにより、人間を疎外する偶像神リヴァイアサン領域国民国家の姿で発現した人間による人間の支配から人類と大地を解放する「持続可能な良き統治（sustainable good governance）」である。

しかし、なぜ、カリフ制が法の支配なのか。カリフ制の中枢はイスラーム法であり、人間としてのカリフ自体ではない。このことは、イブン・タイミーヤの著書『シャリーアによる統治』に最も明瞭に示されている。彼は同書の中でカリフの役割について一切論じないばかりか、そもそもカリフについて全く言及していない。彼はまた「叛乱罪（baghy）」に関する論文で、真の叛乱とは、イスラーム法に対する侵害であり、為政者に対する反抗ではないことを論証している。

人間が自分たちが定めた決まり（人定法）を他人に押しつけることが、人間による人間の支配であり、人間が服従すべきは宇宙の創造主である神アッラーの命令、神アッラーが定めた聖法シャリーアだけである、とのイスラーム学のサラフィー・ジハード主義の議論は既に紹介した。本節では、スンナ派イスラーム政治体制、カリフ制こそが「法の支配」に他ならないことを論証しよう。

既述の通り、イスラームの使命、カリフ制の任務とは、イスラーム法の施行されるイスラーム的秩序の支配空間ダール・アル＝イスラームを全世界に広めることである。そしてここでこれから論じるのは、このイスラーム法の施行によるイスラーム的秩序とは「法の支配」以外の何物でもなく、さらに「法の支配」とはこのイスラーム的秩序に他ならず、現代の世界において「法の支配」と呼びうるものはこのイスラーム的秩序以外には存在しない、との主張である。

高名なドイツの法学者であるグスタフ・ラートブルフ〔一九四九年没〕は、法にはお互いに矛盾対立しうるベクトルを有する三つの要素、⑴正義（Gleichheit）、⑵合目的性・具体的妥当性（Zweckmäßigkeit）、⑶法的確実性（Rechtssicherheit）があるが、最も根本的なものは法的確実性であるとした。法的確実性とは、法の安定性と予見性を意味する。つまり「法」は何よりも先ず、変ってはならず、人口に膾炙《かいしゃ》していなくてはならないのである。

安定性については、イスラーム法体系は八―九世紀に発生し、一二―一三世紀に確立し、それ以降その内容はほとんど変化しておらず、東はマレーシアから西はモロッコに至る気候も多様な広大な地域で驚くべき斉一性を示している。イスラーム法が歴史的、地理的に高度な安定性を有していることは、今日の「領域国民国家」による「国民教育」の洗脳による思想の国家管理の下においてさえ、イスラーム世界では、イスラーム法学のアラビア語の標準的古典が、公教育の内外で今も教えられ続けていることから誰にでも容易に看て取ることができる。

このイスラーム法と比較すると、現代世界で法的安定性をいくらかでも主張できる法体系はわずかにイギリスのコモン・ローだけであるが、そのイギリスですら、「法の支配」の原則がエドワード・コーク〔一六三四年没〕らの努力により成立したのは一七世紀の末であり、今日のコモン・ローの形が完成するのは、一八七三―一八七五年にコモン・ロー法廷とエクイティ（衡平法）法廷が併合されて以降である。

二〇世紀の最も影響力のある法哲学者の一人と言われるハーバート・L・A・ハート〔一九九二年没〕はその主著『法の概念（The Concept of Law）』の中で、ジョン・オースティン〔一八五九年没〕の「法の主権者命令説」を批判して、支配者によるその場しのぎの恣意的な命令は法と呼ぶことはできないと論じている。たとえば二〇〇八年に麻生政権の下で制定された一万二千円の定額給付金、二〇一〇年の民主党政権下で制定された一万三千円を支給する「子ども手当」のようなものは、たとえ立法府によって制定されて「法律」となったとしても、「法」の名には値しない。実のところ、そのような「法律による支配」は、ドイツ流「法治国家（Rechtsstaat）」ではあっても、「国民代表」のフィクションで粉飾し「議会」の影に隠れた少数の為政者たちによる支配、「法の支配」の名を借りた「人の支配」に他ならないのである。現代世界には、法治国家は存在するとしても、「法の支配」の理念はもはやどこにも存在しない。

「法の支配」の不在が最も明瞭になるのが法学教育である。既述の通り、イスラーム世界では、公教育の内外で初等教育レベルからイスラーム法学標準古典教科書に基づいた法学教育がなされている。ところが振り返って、日本を例にとるなら、法学は義務教育の小学校、中学校のカリキュラムには全く含まれておらず、日常生活と遊離した憲法のごく一部のみが中学の「現代社会」などで教えられるのみであり、刑法の殺人罪さえ教えられないのである。法学の基礎さえ全く教えられていない市民が、他者を裁く裁判員になることを強制される日本のような国に「法の支配」などそもそも存在しようがないであろう。

世界で最も安定し人口に膾炙《かいしゃ》したイスラーム法の施行されるカリフ制こそがまさしく人間を「人の支配」から解放する「法の支配」であり、その秩序空間がダール・アル＝イスラームなのである。

5　比較文明論から見たカリフ制

政体を、為政者の数が一人の場合を王制、少数者の場合を寡頭制、多数派の場合を民主制と区分する古代ギリシャ以来の政治学の伝統的因習に囚われた西欧の学者たちには、カリフ制とその重要性を真に理解することができない。

ロベルト・ミヘルスの「寡頭制の鉄則」を引き合いに出すまでもなく、人類の歴史において、民主制、君主制、共和国、立憲君主制、教皇制など国名の看板は変っても、いかなる政治体制においても元首の数は一人であるが、元首といえども他者のサポートなしに完全に独力で支配を継続することは不可能であり、少数の有力者のエリートが、「その他大勢」に過ぎない人民を支配するのであり、カリフ制もその例外ではない。人の支配の枠組みに囚われ、その多寡を問題にしている限り、カリフ制の本質は理解できないのである。

むしろ、カリフ制の本質を理解するには、西洋思想だけではなく、中国政治思想を参照して三角測量を行なうのが有益である。中国の政治理念は、儒家の徳治主義と法家の法治主義に大分される。中国の政治思想の主流は儒家の徳治主義であったが、法治主義は中国の歴史の中に常に伏流として存在した。

中国の世界観は華夷秩序と表現されるが、この世界観において、文明それ自体とみなされる儒教の道徳教育（王化）が重要であり、この教えを受け入れた国は「中華」、「王土」、「神洲」の一部となり、教化の及ばない土地はこの華夷秩序においては未開世界とみなされ「化外之地」と呼ばれる。この政治思想において、為政者「皇帝」は確かに天意を受けた「天子」と呼ばれるが、皇帝が華夷秩序の中枢にあるのではなく、儒教の教えそのものがこの政治秩序の中枢であり、皇帝もこの教えを超越した存在ではなく、逆に儒教の教えの徳を体現することが求められており、皇帝といえども、儒教の教えに背き徳を失えば、天意を失ったとみなされ、放伐の対象となる（易姓革命説）。

イスラームと中国の政治思想の双方において、中枢の理念は、人である支配者ではなく、政治による実現が目的とされる聖なる秩序である。この秩序はイスラームでは「シャリーア」（字義は、砂漠で水場に至る道、転じて救済への道）、「聖なる法」として表象されるが、一方、中国では「徳治」、儒教の教える徳の支配であり、「王道」として表象されている。西洋、イスラーム、中国の政治思想の比較分析は、西洋の政治思想が「人の支配」、中国が「徳の支配」であるのに対してイスラームのカリフ制は「法の支配」であることを明らかにする。

既述の通り、スンナ派のカリフ論は、シーア派の「人の支配」のイマーム論との論戦の中で、「法の支配」の理論として結晶化した。シーア派においては、神によって直接任命された無謬のイマームこそが、全ての権威、支配の正当性の根拠であり、イマーム幽隠期の現代シーア派のイラン・イスラーム共和国の政治理論においてもそれが「人の支配」の理論であることは、「イスラーム法学者の後見」理論との命名からも明らかである。一方、スンナ派イスラームにおいては、「法の支配」は西暦一二世紀より前に定式化されており、いかなる官吏も法を超越していると主張することはできず、カリフでさえも同様であった。

ちなみに、西洋の政治思想が決定的に「人の支配」であることを神学的に論証したのが、新約学者・比較文明論者の加藤隆である。加藤は「人による人の支配は、エルサレム初期共同体がセクト集団のような状態から変化してエルサレム教会と呼ばれるべきものとなって以来、キリスト教の最大の特徴となる。〔中略〕この原則の特徴は、人間が二種類に分けられており、上の者が下の者を支配ないし管理しているという点である。」と述べ、「人の支配」こそがキリスト教社会の本質的特徴であると喝破する。加藤によると、そのキリスト教的社会観を基礎に、「支配する聖職者－支配される俗人」の支配構造の世俗の領域がさらに「支配する貴族－支配される平民・奴隷」に分化される「人の支配」の二重構造が、西洋キリスト教文明の社会構造であり、それが全世界規模に広まったのが現代なのである。
〔加藤隆『一神教の誕生』〕

「人による人の支配」はキリスト教西洋文明の人間観の本質であり、それゆえ現代西洋の政治思想、君主制、寡頭制、民主制のような「人の支配」の類型論以外の政治体制をほとんど想像することができない。「法の支配」の理念は近代になってようやく一七世紀にイギリスに現れたが、この「法の支配」の理念も、ドイツ流の「法治国家（Rechtshtaat）」、つまり擬「人」化された偶像神リヴァイアサンである「国家」の「法律による支配」に変形してしまったのである。

西洋はイスラームの「人権」侵害について喧しく騒ぎ立てる。しかし「人権」とは、人権と称し、普遍性を偽装しているが、「自然人」を超えて無限の権力を手にした「法人」主権国家の出現により、「人の支配」の弊害が目に余るようになったために、それを緩和し欠陥を補うために生まれた、近代西洋ローカルの思想に過ぎない。

本来「法の支配」を実現し、人間の権利を保護しているイスラームには、名称こそ「人権」であっても法的安定性のない西洋近代のローカルな慣習に過ぎない「人権」のような概念を必要としないのである。

6　カリフ制と国家への隷属

カリフ制は、イスラームを知らないムスリム、非ムスリムが懸念するような独裁制、全体主義とは対極にある。たとえ、全体主義独裁制のバアス党が長年支配した地に生まれたイスラーム国のように、カリフ制再興当初に、全体主義独裁制の残滓が紛れ込むことがあったとしても、それはイスラームへの弾圧がなくなり、イスラームの学知が自由に学ばれるようになれば自然に消滅する類いのものであり、心配には及ばない。

むしろ真の問題は、偶像神リヴァイアサン領域国民国家に飼い慣らされ、国家の奴隷、いや家畜化したムスリムが、カリフ制の自由に耐えられるか、である。

カリフ制は法の支配であって、人の支配ではない。それは、カリフには課税権がないことを意味する。西洋では徴税もまた「人の支配」下にあり、「代表なくして徴税なし」とのスローガンによって「国民の代表」たちが国民代表の仮面の下に恣意的に税を課すことができる。一方、イスラームにおいては、徴税もまた「人の支配」ではなく、「法の支配」の下にあり、シャリーアから演繹されイスラーム法が明記する税、即ち、ムスリムに対する法定喜捨（ザカー）、非ムスリムに対する人頭税（ジズヤ）、征服地に課される地租（ハラージュ）以外の税は認められない。

イスラーム法に定めのない税（maks）を人間が人間に課すことは厳禁されている。イブン・タイミーヤは「（イスラーム法に定めのない）税は全法学派の一致により許されたものではない。」と言っているが、ハナフィー法学派の大法学者ジャッサース〔九八一年没〕に至っては「(イスラーム法に定めのない)税(daribah)を課す者と、全てのムスリムは戦わねばならない。もしも(課税者たちが)武装しているならば、殺さなければならない。」とまで述べて、イスラーム法に定めのない税を課すことを厳禁している。

これは何を意味するのかというと、浄財はおよそ資産の二・五パーセントに過ぎず、非ムスリムに課されるジズヤ(人頭税)は富裕者でも年額五万円ほどに過ぎないので、カリフ制は、極端に「小さな国家」である。

既に述べたように、イスラームにおいては教育や医療はカリフの任務とは考えられておらず、ワクフ(寄進)制度により社会が担ってきた。教育、福祉、厚生だけではなく、幹線道路や鉄道網の整備などのダール・アル=イスラーム全域を蔽《おお》う大規模プロジェクトも、本来は社会が担わなくてはならない。道路、鉄道網の整備は莫大な資金を必要とするだけではなく、土地の徴用も必要とするため、公共事業を目的とする課税はもとより、私有地の徴用も認めないカリフ制の下では着手は難しい。

しかし、再興されるカリフ制は、領域国民国家が人々から不正に徴収した税、徴用した土地を使って作った教育、研究、医療施設、道路、鉄道などを接収することができる。したがって、再興されたカリフ制は、当面は領域国民国家の「遺産」を引き継ぐことで、国家に依存することに慣れたムスリムたちがイスラームの真の自由を学ぶまでの間、国家から社会への責任の移行を緩やかに進めていくことができると思われる。

エピローグ　カリフ制と人類の未来

アッラーは人類の太祖アーダム（アダム）を大地におけるカリフとされた。人類は大地における神の代理人とされたのである。次いでアッラーはダーウード（ダヴィデ王）を人々を正義をもって裁くカリフに任じられた。最後にアッラーは、預言者ムハンマドに全ての人類に通用する普遍的な正義の天啓法シャリーアを授けられ、彼を使徒の封印とされた。

ムハンマドの後にもはや預言者はなく、預言者から最後の天啓法シャリーアを学んだウンマ（ムスリム共同体）は、自ら一人の指導者を選び、このシャリーアを不磨の大典として奉じ、正義に則る「法の支配」を大地の隅々まで、人類の全てにまで広げる使命を授けられたのであり、その指導者が預言者の後継者カリフであり、この「法の支配」こそがカリフ制なのである。

現在世界に流布している「人権」、「民主主義」の概念は、歴史的には一七―一八世紀に西欧における市民革命の過程で生まれたものである。そしてこの「市民」革命とは、その実、「領域国民国家」の「国民」による革命であり、それゆえ彼らが掲げた「人権」、「民主主義」は普遍主義を標榜しながらも、その「人権」や「民主主義」とは普遍的な「人類」の権利ではなく、国境に囲い込まれた土地の住民の特権に過ぎない、との根本的矛盾を内包している。

西欧は、この矛盾に目を瞑《つぶ》り、偽の普遍主義の下に、領域国民国家の差別の論理と「人権」、「民主主義」を都合よく使い分け、アジア、アフリカ諸国を侵略し、異質な他者を植民地支配し、時として殲滅、時として同化併呑、時として差別、搾取してきた。それは異質な他者を認めず、支配、殲滅を繰り返した末に宗教改革によって破綻したローマ・カトリック（普遍）教会の全人類カトリック化宣教プロジェクトの焼き直しとでも言うべきものであった。

隣国メキシコとの間にさえ国境を設け、人間の最も基本的な権利である移動の自由を禁じておきながら、資本と商品の移動だけを武力を背景に世界に押しつけるアメリカの掲げる「新自由主義」、「グローバリズム」もまた、この西欧の偽の普遍主義の一変種である。

科学技術、特にＩＴの発展によるグローバリゼーションの進展にもかかわらず、イスラーム世界のみならず、極東、東欧・ロシア、ヨーロッパにおいても、偏狭なナショナリズム、ジンゴイズム、ショービニズムが広まりつつある。それは、アメリカの唱道する「グローバリズム」が、その実、真の普遍主義ではなく、アメリカの、より正確に言うならアメリカの支配層のみを利する不正な紛い物の普遍主義に過ぎないため、不正な搾取に対する当然の反動なのである。

ところが、人類の本性に適《かな》い人道に則り推進されるべき「グローバリゼーション」と、米国の支配階層を利する不正な「グローバリズム」の区別は世界的に周知されているとは言えない。それゆえグローバリズムの犠牲者たちは、不正なグローバリズムによって自分たちが経済的に搾取されていることを正しく認知できていない。それゆえ、「低賃金の外国労働者の存在が自分たちの労働条件を悪化させている」との、国際経済、資本移動、外国為替相場の動きや、国内の産業構造、労働法制、賃金体系などの長期的な変動が賃金格差を生む複雑なメカニズムを無視した外国人労働者排斥運動の分かりやすい議論に人々が飛びつくことになる。この議論は、国家間の国際レベルと、資本家と労働者、大企業と中小企業の国内レベルにおける真の搾取の構造を隠蔽するものであるため、アメリカの軍事力を背景にグローバリズムを推進する多国籍企業と手を組んだ各国の支配層にとっても都合がよいものである。

それゆえ、アメリカがグローバリズムを推し進めるのと同時進行的に、支配階層に煽《あお》られて外国人排斥を声高に叫ぶナショナリズムが世界各地で発生しているのである。しかし搾取され自らの尊厳を奪われたことを「卓越した民族」への帰属のプライドによって補償することは、平等に創造された人類の天性に反するため、こうした偏狭なナショナリズムは容易に病的なジンゴイズム、ショービニズムに堕していく。

今、人類に求められているのは、現在進行中のグローバリゼーションに相応しく領域国民国家を廃絶しヒューマニティーに立脚した公正なグローバリズム、つまり全地球、全人類を不正な領域国民国家システムとグローバリズムから解放することである。

そもそも西欧が、人権や平等を語りながら、領域国民国家の存在を自明視し、平然とアジア・アフリカの国々を植民化し「原住民」を差別し見下し搾取することができたのは、なぜであろうか。実のところ、西欧が言うところの「人権」や「平等」などは、実証的、客観的に人類に共通する普遍的な倫理を抽出したものではなく、当時の彼らのローカルな思想に過ぎなかった。ところが、彼らはそれを人類普遍の原理であるかのように思いなすことで、自分たちと「人権」や「平等」などの概念を共有しない他者を人間以下の「未開人」として見下し、人権を認めず牛馬のように扱ったり、「非－人」として悪魔化し殲滅したりすることができたのである。

米国と有志連合の西欧諸国は、イスラーム国によるクルドの多神教徒ヤズィーディーの追放を口実に、イスラーム国に対して事実確認も交渉もすることなく、そのシリアとイラクの領土へ侵略、空爆を開始し、その戦闘員と共に民間人を殺害した。真の「人権」、「平等」を信ずる者であれば、第一選択肢は、爆撃機を送ってイスラーム国を攻撃することではなく、救援機を派遣し「難民」化したヤズィーディーを「人権」が保障されている自国に引き取ることであろう。

国連難民高等弁務官事務所（UNHCR）の発表によると、二〇一四年夏現在、シリアの難民数は三〇〇万人、国内で難民生活を送っている者は六五〇万人に達している。「領域国民国家」の「国民」ではなく「人間」の「人権」や「平等」を本当に信ずるなら、国連がなすべきことは、彼ら全てが地球上のどこであれ住みたいと思う場所に移住できる条件を、外交的、法制的、経済的、技術的に整えることである。

人類は誰もがアッラーの代理人である預言者アーダムの末裔であり、地球の主権は天地の創造主アッラーのみに属す。人がこの大地を自由に行き来できることは、最も基本的な「人権」である。そして現代のテクノロジーの進歩により、人類は世界のどこにでも数日で移動できるようになった。今や、グローバリゼーションは不可避の現実である。

西欧ローカルに過ぎない「人権」や「平等」の概念を普遍的と強弁し、それを共有しない他者にそれを力ずくで押し付け差別、搾取し、拒絶する者は非人間化し、無力化、殲滅してきた人道に反するナショナリズムのイデオロギーに立脚する現行の領域国民国家システムは、真のグローバリゼーションを実現することはできない。

現実に千年以上にわたって存続した、世界で最も強固な法的安定性を有するイスラーム法によって、遊牧民にも高度に発展した都市民にも、砂漠地帯から熱帯雨林にまで広がる広大な領域に法の支配を実現したイスラームのカリフ制は、これから不可避的に進行するグローバリゼーションに対応するためのアメリカの「グローバリズム」のオルタナティブになりうるのである。

ヤズィーディーのような異教も、土着の全ての異教を滅ぼしたキリスト教世界であれば今日まで生き残ることはできなかったであろう。イスラーム国によるヤズィーディーの追放の受難も、オスマン朝の崩壊によりカリフ制が消滅し、彼らの庇護契約（dhimmah）が失効したことによる。長期的に見ると、カリフ制が消滅した世界でいずれかの領域国民国家の国民に統合された場合、ヤズィーディーの「宗教共同体」が彼らの信仰を維持することはできず、エスニック・グループに矮小化された後に、消滅する運命にあるように思われる。

イラクとシリアの国境を取り除き、サイクス・ピコ体制の廃絶を高らかに謳いあげたイスラーム国は、カリフ制が領域国民国家システムを廃絶する、即ち、大地を領域国民国家システムの檻から解放するものであることを世界に知らしめた。しかしカリフ制の真の意義はそれに尽きない。カリフ制とはなによりも人間の解放なのである。

カリフ制とは「法の支配」であった。そしてこの「法」、シャリーアは、神によって定められたものであり、カリフはこの「法」の執行者でしかない。カリフ制は人が人を支配する法を定めることを許さない。カリフ制とは人による人の支配からの解放である。

しかし、現代に再興されたカリフ制は、人による人の支配からの解放を超えて、人間疎外から人間を解放する。なぜならば、現代においては、人による人の支配は、「人ならぬ人」、「法人」の支配の形態を取るからである。

「法人」概念はローマ法に起源を持つが、決定的に重要なのは、ローマ・カトリック教会が「キリストの身体（Corpus Christianum）」として形而上学化、実体化され、聖化されたことである。生まれたばかりの領域国民国家をトマス・ホッブズは地上における「可死の神」リヴァイアサンと呼んだが、領域国民国家は実体化され、神のごとくに人間に恐れられ、依存され、人間を支配するようになった。われわれは今や、国家が法を制定し、戦争をし、税を徴収し、罪人を罰する、あるいは教育は国家の責任である、国家に損害賠償を請求する、などと、国家が主体であるかのように考えるようになってしまった。

リヴァイアサン領域国民国家が成立するのとほぼ時を同じくしてヨーロッパでは東インド会社のような勅許法人が設立されたが、西欧「近代自由経済」が成立する一八世紀には、商業会社のような民間法人に取って代わられた。そして欧米列強がアジア、アフリカ諸国を植民地化したことにより、国家から会社に至る「法人」が世界を支配するようになる。

今日の世界では、病院で生まれ、役所に出生を登録し、学校で教育され、会社に勤め、コンビニで買い物をし、病院で死に、役所に死亡を通知し、葬儀社によって葬られるまで、つまり、われわれの生は誕生から埋葬までほぼ完全に法人によって支配されている。

法人の本質は資産にある。近代法人の前身は、自然人の集合体の資産が構成員の死後も存続するための法的擬制であり、法人の実体はその資産に他ならなかった。そしてキリスト教が禁止していた利子が完全に解禁されて、ヨーロッパに近代的な有利子の銀行が設立されると、信用創造によって、通貨は実際に存在する貨幣の量を遥かに超えて自己増殖することになる。

そして貨幣発行権が国家の管理下におかれると、国家はその暴力を背景に貨幣の流通を強制することができるため、通貨はますます肥大することになる。一九七一年にアメリカが当時の基軸通貨だったドルと金の兌換を中止すると、基軸通貨のドルのセイニアリッジ（貨幣発行権）を有するアメリカは金の裏付けなく基軸通貨を思うがままに発行できるという、国際市場での圧倒的な優位を得ることになった。そして金融工学の発展がそれに拍車をかけ、現在、世界中で流通している通貨の大半は、モノから乖離したコンピューターの上のただの電子信号でしかなくなっている。

二〇一四年一一月には、イスラーム国はディーナール金貨とディルハム銀貨を鋳造して正貨とすると発表した。イスラームの通貨制度が金銀本位制であることは、既にムラービトゥーンと解放党によって理論化されていたが、イスラーム国はそれを実践することによって現行の世界経済の根幹に挑戦状を叩きつけようとしているのである。

グローバリズムの先兵もまた法人であるが、巨大な多国籍企業もその実体はモノから乖離し膨れ上がったこの通貨・資本であり、それは人間の欲望を無限に肥大させることで、人間を支配する。つまり、それはマタイ福音書に「神とマモンとに同時に仕えることはできない」と言われている偶像神マモン（銭神）に他ならないのである。

学校教育の名の下に子供を学校に「拉致・監禁・洗脳」し「国民」に馴致して支配する偶像神リヴァイアサン領域国民国家と、それが法律によって生み出すその眷属の法人群。人間の欲望を解錠しそれを糧に自己増殖し、人間を虜にして支配する銭神マモン。現代とはリヴァイアサンとマモンという一対の配偶神に人間が隷属し支配されている時代であり、カリフ制とは、リヴァイアサンとマモンの偶像崇拝からの人類の解放、人間性の回復の希望に他ならない。

イスラームとは、何物をも仲介とせず人がただ独りで神に帰依し、最後の審判においてただ独り神の前に立つことに他ならない。イスラーム法には、神に帰依し最後の審判において神の前に立つことがない法人が入る余地はない。またイスラーム法は、有名な利子の禁止のみならず、債権と債権の売買の禁止、金銀本位制、金銀の先物売買の禁止など、貨幣とモノとの結びつきを断ち切らせないことで、貨幣の過度の記号化による自己増殖に掣肘《せいちゅう》を加える様々な工夫が凝らされている。

イスラームの法の支配を実現するカリフ制こそがリヴァイアサンの支配から人類を解放し、人間の主体性を回復し、幻想の欲望を肥大させマモンの虜になった人類の目を覚まさせて、等身大の人性に引き戻すことができるのである。

二〇一四年にカリフ制を称して樹立されたイスラーム国は、カリフ制であるよりもサラフィー・ジハード主義のイスラーム国家であり、カリフ制の理念を体現しているとはとても言い難い。しかしイスラーム国がカリフ制再興の義務を世界に知らしめた功績は大きい。イスラーム国が今後、真のカリフ制に変容していくのか、それともカリフ制再興の先駆けとしての役目を終えて滅びるのかは、現時点では明らかではない。

しかしイスラーム国によって既にパンドラの箱は開かれ、カリフ制はムスリムの心の中に再興された。カリフ制再興の流れは不可逆であり、その声を封殺することはもはやできない。

カリフ制の理念の実現の要求に押されて、今は異教徒の外国の力を借りてまでもなりふり構わずカリフ制の再興の阻止、イスラーム国の殲滅に奔走しているアラブ諸国も、自らの支配が正当であるかのように装うためにカリフ制の理念の一部を取り込まざるをえなくなるであろう。

アメリカの経済学者ダニ・ロドリックによると、グローバリゼーション、民主主義、国民国家の三つは同時に実現できないトリレンマの状態にあり、グローバルな民主主義を実現するならば、国民国家という枠組みは放棄しなければならない〔中野剛『世界を戦争に導くグローバリズム』〕。したがって、「民主主義」、「人権」と「人類」の平等を掲げる欧米諸国は、カリフ制が掲げる国境の廃絶、国家による差別の無い人類の移動の自由の理念に触発されて、人道に反する不正な領域国民国家システムの解体、ないしは再編を迫られることになる。

そして国境の廃絶と人類の自由な移動の理念は、資本と商品の移動の自由化を押し付けながら移民の完全自由化を認めないアメリカが唱道するグローバリズムの欺瞞《ぎまん》を暴き、その主張の説得力を奪うことで、それを減速させ、その凶暴性を減殺することができるであろう。

この事態を欧米キリスト教世界とイスラーム世界の対立と考えるのは、おそらく正しくない。むしろ、アダムの裔《すえ》たる人類全てに向けられた「正義に基づく秩序を打ち立てよ」との預言者たちの啓示をキリスト教西洋とイスラームが協働して実現してきた、一なる神の経綸の最終局面とみなすべきであろう。

これからの世界は、カリフ制再興という未完のプロジェクトと共に、一六四八年のウェストファリア条約によってキリスト教西欧に成立し世界を覆い尽した領域国民国家システムの緩やかな解体局面に入っていく。人類が法の支配の下に人道に則り正義に基づく真のグローバリゼーションを達成できるか否かは、カリフ制再興の成否によっている、と私は信じている。

あとがき

二〇一四年六月二九日、「イラクとシャームのイスラーム国」が「イスラーム国」と改称し、そのイスラーム国こそが、イスラームの正当な政治体制であるカリフ制である、と宣言した。

長年、カリフ制の再興を訴えてきた筆者にとって、カリフ制再興のニュースは喜ばしいものであったが、それがイスラーム国によって宣言されたことは当惑させるものでもあった。

というのは、イスラーム国の前身であるイラクとシャームのイスラーム国は、残虐な世俗主義政権との闘争の中で生まれた経緯から、不寛容な厳格主義によって悪名が高かったからである。

筆者は二〇一二年一月に公刊した『イスラーム革命の本質と目的』〔ムスリム新聞社〕において、以下のように述べ、平和的なカリフ制復興運動が弾圧され続けた場合に不寛容で残虐なサラフィー・ジハード主義者によってカリフ制が乗っ取られる危険に警鐘を鳴らしていた。


……カリフ政権と「イスラームの家」の再興の義務はイスラームの合意事項であり、いかなる妨害があろうとも、イスラームが存在する限り、その運動が消滅することはありえない。外部世界の誹謗中傷や妨害は、来るべきカリフ政権を、異教徒への敵意に満ちた排外主義においやることになる。また西洋がイスラーム世界内での弾圧を支援、黙認することは、弾圧の強化につながり、イスラーム世界の「穏健」で「良識的な」一般市民をカリフ再興運動から遠ざけ、カリフ運動に従事できる者は、大義のためには他人の生命を犠牲にすることを躊躇《ためら》わない厳格主義者たちだけになってしまい、結果的に彼らによるカリフの乗っ取りを招く懸念がある。……

「非寛容」な厳格主義者にカリフ再興運動の主導権を奪われないためには、それゆえ「非寛容」な厳格主義が支配的にならないように、カリフ政権の再興の過程で、十分な議論を尽し、ウラマーゥが認めるイスラームの正統な学説の範囲内で最も現代の状況に適した政策を行うことのできる柔軟で寛大なカリフが選ばれるように努めねばならない。そのために、「全ての異教徒は悪魔的に邪悪であり共存の余地が無い」との「非寛容」な厳格主義者たちの主張が説得力を持たないような言論環境を作り、カリフ再興運動が広く民意を汲み取ることができる自由な活動が保証されるために、西洋の「良識ある市民」が協力する必要があるのである。

来るべきカリフ政権を徒に排外主義、厳格主義に走らせず、社会の広範な支持を得られる中庸を得たカリフが選ばれるためにも、カリフ再興の妨害、抑圧を廃し、自由な議論と活動が一般市民に対しても開かれた環境で行われることが肝要なのである。〔八五―八六頁。強調は原文。〕

同書の元になったのは、二〇〇九年にマレーシアの Saba Islamic Media から出版された拙著 *The mission of Islam in the contemporary world: aiming for the liberation of the earth through reestablishment of the caliphate* (by Hassan Ko Nakata) であり、同書は後に日本語だけでなく、アラビア語、インドネシア語にも翻訳しエジプト、

インドネシアでも出版し、筆者は世界各地で同書を配布し、平和的手段によるカリフ制再興を訴えてきた。

しかし、筆者の言葉に耳を傾ける者は、本邦はもとより世界にも少なく、残念なことにムスリム諸国はもとより西欧でも、カリフ制復興について、パブリックな場で自由な学問的な議論がなされることはほとんどなく、筆者の予想は的中し、不幸にもサラフィー・ジハード主義者の中でも最も不寛容なイラクのザルカーウィーのグループの流れを汲むイスラーム国によってカリフ制の再興が宣言される事態に立ち至ってしまったのである。

これから、イスラーム国がムスリム共同体の多数によって受け容れられ、非イスラーム世界と共存しうる「真の正統カリフ制」に変容するか、あるいは、イスラーム国が打倒され「真の正統カリフ制」が別に樹立されるために必要なことは何か、は既に述べた通りである。

つまり、スンナ派法学の伝統の中で確立されてきたイスラームの正統な学説の範囲内で最も現代の状況に適した政策を行うことのできるカリフ制とは何か、について論じることができる学問の自由が保証されたパブリックな公論の場が必要なのである。それはムスリム諸国だけでなく、欧米にも数多く作られ、「真の正統カリフ制」の理解が全ての人間に共有されるようになることである。

イスラームという宗教の存在を支えているのは、国家権力による強制ではなく絶対神アッラーへの信仰に基づくイスラーム法（シャリーア）に対する信徒の自発的服従である。そしてイスラームには聖職者はおらず、教義を決定する機関も個人も存在しないが、信徒たちがイスラーム法を学ぶのは、古今のウラマーゥ（イスラーム学者）のイスラーム法解釈の先例を通してである。それゆえムスリムたちが自ら「民主的に」カリフを選ぶことができるようになるには、ウラマーゥやムスリム知識人たちのカリフ制に関する議論がムスリム大衆に浸透することが必要なのである。

重要なのは、そうした公論の場が真に開かれた自由な場であること、即ち、ムスリム諸国の支配者層と対立する立場に立つウラマーゥ、たとえ欧米からテロリストと誹《そし》られる「イスラーム国」を代表する立場にあるウラマーゥ（イスラーム学者）であっても、学術的議論の場での発言である限りにおいては、政治的弾圧を受けることなく身の安全が保障され自由に意見を表明できるような場であることなのである。

預言者ムハンマドと正統四代カリフ

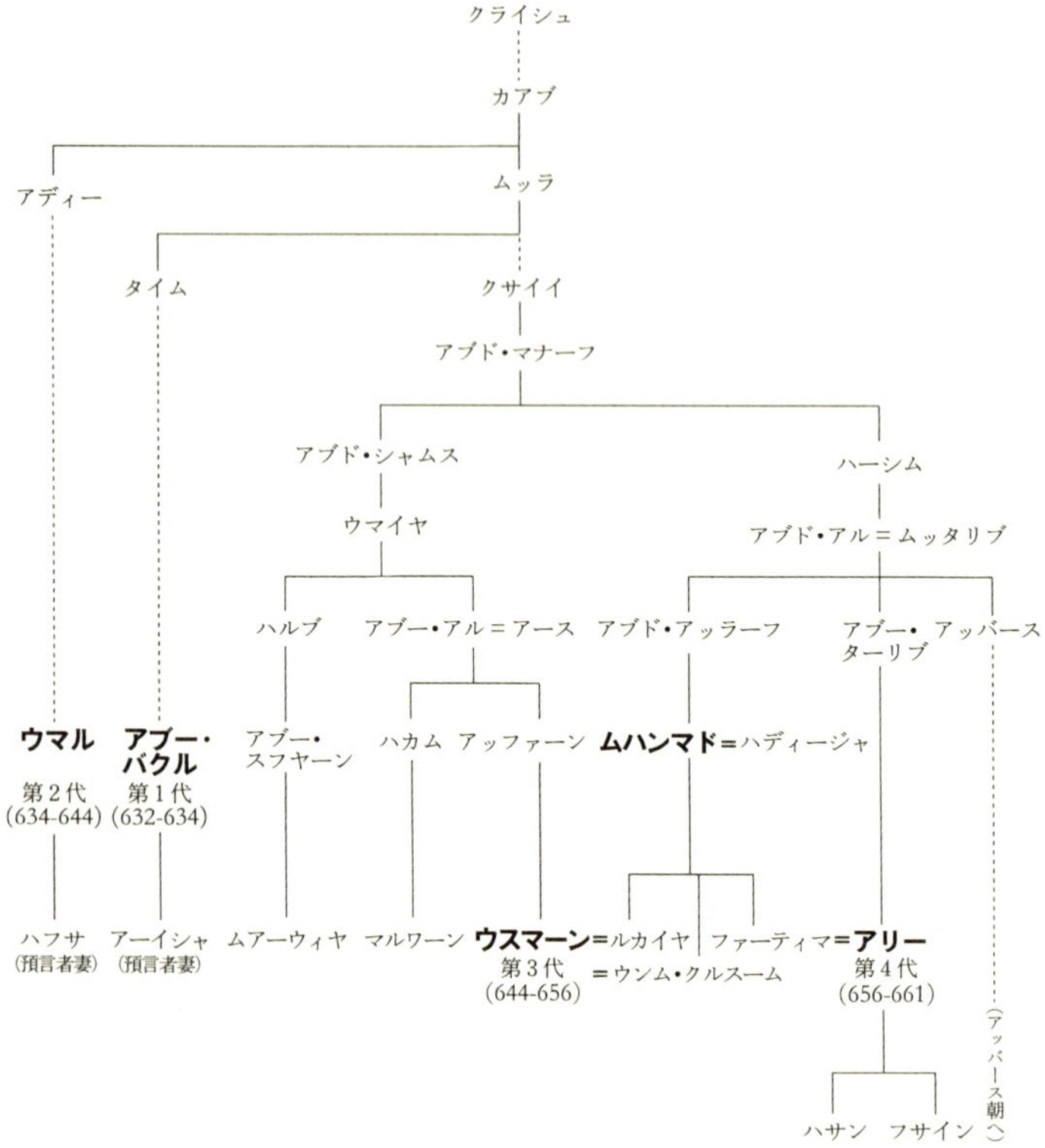

＊実線は直接の父子関係、破線は間接的な関係を指す

や　行

ら　行

わ　行

ま　行

な　行

は　行

た　行

さ　行

か　行

索　引

あ 行

中田 考（なかた・こう）

1960年生まれ。1983年入信。ムスリム名ハサン。1984年東京大学文学部卒業。1986年東京大学大学院人文科学研究科修士課程修了。1992年カイロ大学大学院文学部哲学科博士課程修了（博士号取得）。1992年在サウディアラビア日本国大使館専門調査員。1995年山口大学教育学部助教授。2003年同志社大学神学部教授。現在同志社大学客員教授。2013年株式会社カリフメディアミクス創業。著書、『イスラームのロジック』（2001年、講談社）『ビンラディンの論理』（2001年、小学館）『イスラーム法の存立構造』（2003年、ナカニシヤ出版）『イスラーム　生と死と聖戦』（2015年、集英社）ほか。訳書、ムスタファー・アッスィバーイー『預言者伝』（1993年、日本サウディアラビア協会）ほか。監修、『日亜対訳クルアーン』（2014年、作品社）。

カリフ制再興　未完のプロジェクト、その歴史・理念・未来

刊　行　2015年2月
著　者　中 田　考
刊行者　清 藤　洋
刊行所　書 肆 心 水

135-0016 東京都江東区東陽 6-2-27-1308
www.shoshi-shinsui.com
電話 03-6677-0101

ISBN978-4-906917-38-9 C0014